ESSAI

SUR LES MOYENS

DE

CONCILIER LES DIFFÉRENDS

ENTRE LES NATIONS ET ENTRE LES FAMILLES,

ET DE PRÉVENIR AINSI LES MAUX DE LA GUERRE ÉTRANGÈRE, DE LA GUERRE CIVILE ET DE L'ANARCHIE.

Sondez les Écritures, et vous y trouverez tous les éléments de la grandeur, de la liberté, de la gloire des nations, de la durée des institutions politiques, d'une paix profonde, inaltérable, universelle entre tous les peuples, entre toutes les familles de la terre. La science du gouvernement est très-simple : elle consiste à mettre le christianisme en lumière.

Pour obtenir cet inappréciable avantage, faut-il suivre dans les [illegible] les méthodes d'enseignement suivies en France depuis plusieurs siècles ? Non ; puisque ces méthodes ont enfanté le matérialisme. Faut-il créer de nouvelles communions chrétiennes ? Non ; puisque toutes celles qui existent sont fondées sur le Nouveau Testament ; mais il faut que l'intelligence humaine découvre des procédés ingénieux et rapides pour transporter les peuples idolâtres ou matérialistes des ténèbres à la lumière ; il faut ouvrir des routes nouvelles pour faire passer les populations philosophiques du marécageux domaine de l'erreur aux jardins embaumés et au palais enchanteur de l'auguste vérité chrétienne.

Deuxième manière de traiter le même sujet.

A l'usage des écoles régimentaires et de nos colonies d'Afrique.

A PARIS,
CHEZ TREUTTEL ET WURTZ, LIBRAIRES,
RUE DE LILLE, 17;
A STRASBOURG, MÊME RAISON DE COMMERCE,
GRAND'RUE, 15.

1843

ESSAI

SUR LES MOYENS

DE

CONCILIER LES DIFFÉRENDS

ENTRE LES NATIONS ET ENTRE LES FAMILLES.

ESSAI

SUR LES MOYENS

DE

CONCILIER LES DIFFÉRENDS

ENTRE LES NATIONS ET ENTRE LES FAMILLES,

ET DE PRÉVENIR AINSI LES MAUX DE LA GUERRE ÉTRANGÈRE, DE LA GUERRE CIVILE ET DE L'ANARCHIE.

Sondez les Écritures, et vous y trouverez tous les éléments de la grandeur, de la liberté, de la gloire des nations, de la durée des institutions politiques, d'une paix profonde, inaltérable, universelle entre tous les peuples, entre toutes les familles de la terre. La science du gouvernement est très-simple : elle consiste à mettre le christianisme en lumière.

Pour obtenir cet inappréciable avantage, faut-il suivre sans les modifier les méthodes d'enseignement usitées en France depuis plusieurs siècles ? Non ; puisque ces méthodes ont enfanté le matérialisme. Faut-il créer de nouvelles communions chrétiennes ? Non ; puisque toutes celles qui existent sont fondées sur le Nouveau Testament ; mais il faut que l'intelligence humaine découvre des procédés ingénieux et rapides pour transporter les peuples idolâtres ou matérialistes des ténèbres à la lumière : il faut ouvrir des routes nouvelles pour faire passer nos populations philosophiques du marécageux domaine de l'erreur aux jardins embaumés et au palais enchanteur de l'auguste vérité chrétienne.

Deuxième manière de traiter le même sujet.

A l'usage des écoles régimentaires et de nos colonies d'Afrique.

A PARIS,
CHEZ TREUTTEL ET WURTZ, LIBRAIRES,
RUE DE LILLE, 17 ;
A STRASBOURG, MÊME RAISON DE COMMERCE,
GRAND'RUE, 15.

1843.

AVANT-PROPOS.

Dans ce siècle de vérités physiques, chimiques et industrielles, il serait bon de connaître le mécanisme à l'aide duquel on parvient à transformer des esclaves de la côte de Guinée en hommes libres et appliqués à tous les devoirs de la vie sociale; on assure que par ce moyen on a réussi à doubler dans la Guiane anglaise la valeur de plusieurs grandes propriétés foncières; dans ce cas on ne peut nier que l'ingénieux procédé, quel qu'il soit, qui enfante ces chiffres ne mérite au moins les regards de tous ceux qui s'appliquent à faire fleurir en France les idées positives. Peut-être ne serait-ce pas une dépense inutile que celle qui conduirait une commission à la Guiane pour y étudier ces ingénieux moyens de production coloniale; ils ne sont pas seulement curieux, mais encore très-édifiants dans ces jours d'industrie et de commerce.

Voici comment s'est exprimé à ce sujet le secrétaire du gouvernement de la colonie à l'ouverture de la dernière session :

« En jetant les yeux autour de moi, j'ai le spectacle d'une » population rurale, vouée au travail, respectueuse envers » ses supérieurs, soumise aux lois, docile aux conseils des » magistrats, satisfaite de l'humble condition où la Provi- » dence l'a placée, et y trouvant au moins autant de bonheur » que dans les rangs les plus élevés de la société. Et cepen- » dant cette sage résignation n'éteint pas en eux l'ardeur du » travail ; ils cherchent à améliorer leur condition morale et » physique ; ils sont désireux d'apprendre, industrieux, éco- » nomes, rangés et sobres... »

Une autre commission pourrait examiner en même temps s'il y a quelque rapport entre l'esprit public d'une nation et ses institutions religieuses, et pourquoi celles qui sont libres s'appliquent avec ardeur, et d'un commun accord, à répandre au milieu des familles la connaissance de l'Écriture sainte, comme si elles avaient découvert dans ce livre le ciment indestructible qui doit lier entre eux les matériaux de l'édifice social.

Cette seconde commission serait instamment priée d'examiner très-attentivement les moyens que l'Angleterre et l'Amérique ont mis en œuvre pour former chez eux cet esprit public qui accroît incessamment la fortune de toutes les familles, et qui en même temps fortifie leurs belles institutions politiques ; tandis que, faute d'esprit public, la France, après des efforts inouïs depuis cinquante ans, est rentrée dans ses anciennes limites, et voit aujourd'hui plus que jamais sa liberté constitutionnelle au bord d'un abîme.

Faut-il accuser de nos embarras commerciaux le gouvernement de juillet? Non assurément ; car ce ne sont pas des ministres qui fondent le crédit individuel, ce ne sont pas eux non plus qui gouvernent les nations libres ; mais l'esprit public bon ou mauvais qui anime ces nations. Un peuple libre fait le bien ou le mal quand il le veut ; les ministres ne sont rien devant ses bras robustes lorsqu'il lui plaît de les lever tous en même temps pour anéantir les tribunaux et les magistrats, ou pour changer brutalement une dynastie : si une partie de ces bras n'arrêtait pas l'autre, tout serait déjà perdu en France, et nos institutions seraient depuis longtemps pulvérisées ; heureusement il y a dans le peuple français une fraction sage, une partie généreuse et modérée, de couleur chrétienne, qui impose silence à la fraction égoïste et turbulente. Il faut s'appliquer à rendre la première plus forte chaque année ; il faut que la nation presque toute entière joigne ses efforts à ceux du ministère pour faire manœuvrer le vaisseau de l'état si on veut qu'il ne coule pas à fond. C'est là d'abord que doit se diriger pendant plusieurs années notre intelligente industrie. Quant à l'intérêt privé, c'est une langue qui s'apprend sans grammaire ; nous n'avons pas besoin de professeur pour nous l'enseigner ; les peuples civilisés ne la parlent que trop correctement dans tous les pays ; la difficulté est au contraire de la leur faire oublier, pour leur faire apprendre à sa place la langue de l'esprit public, qui consiste à sacrifier ingénieusement ou généreusement une partie de l'intérêt privé à l'intérêt général ; plus cet intelligent sacrifice est grand, plus l'état se fortifie, et, chose admirable ! plus aussi chacun des sujets y gagne, en sorte que si l'on ne cherchait que l'intérêt privé des familles, on le trouverait encore dans le sacrifice de ce même intérêt privé à l'intérêt de tous les autres.

Comment s'est formé l'esprit public en Angleterre et en Amérique? Là est un mystère profond que la France doit chercher à pénétrer : écoutons d'abord Montesquieu et les publicistes les plus éclairés des temps modernes, afin de connaître, s'il est possible, les causes cachées de la grandeur et de la décadence des états libres ; mais d'abord remarquons l'hommage que ce savant magistrat rend comme législateur à ce livre extraordinaire qui seul, entre tous les livres, contient les trésors de la vie future, qui seul offre en conséquence des motifs pour la régénération des mœurs privées.

Il a reconnu qu'elles ne pouvaient sortir de la dépravation matérialiste que par la toute-puissance du Créateur ; que sa volonté seule, s'exprimant par la voix du Christ, pouvait ramener les sociétés de leurs égarements. C'est sans doute par cette raison que Montesquieu élève la religion chrétienne au-dessus de toutes les législations humaines. Si après ses longs et pénibles travaux il a compris ces grandes vérités, essayons aussi de les comprendre ; sachons apprécier les causes de la grandeur et de la décadence des états, afin de prêter main-forte au pouvoir suprême dans le cercle de nos attributions, d'agir par une opinion éclairée dans les intérêts de notre chère patrie et de lui offrir enfin avec discernement le tribut de notre amour.

Sachons aussi comment s'étend et se consolide la puissance des états. La domination de l'Angleterre tiendrait-elle seulement à l'esprit sérieux et attentif de cette nation? Ces insulaires sont-ils plus intelligents, plus industrieux que les Français? auraient-ils fait la vingtième partie des travaux militaires qui ont semé inutilement les ossements de tant de braves depuis les déserts glacés de la Moscovie jusques aux colonnes d'Hercule? Non; mais l'esprit public en Angleterre et en Amérique n'aurait pas permis que les ressources de la patrie fussent employées ou plutôt gaspillées pendant six ans [1], pour faire monter sur des trônes trois ou quatre frères d'une condition obscure, et pour rendre célèbres trois ou quatre syllabes qui pouvaient sans inconvénient rester dans l'oubli. Passe encore si, après tant de travaux, la France avait vu sa liberté respectée, sa puissance accrue; mais au contraire elle se trouve, à la fin de toutes les combinaisons impériales, refoulée dans ses anciennes limites; couverte pour la première fois d'armées étrangères, abreuvée d'humiliations et riche de toutes les animosités de l'Europe.

Voici maintenant ce qu'a produit l'esprit public en Angleterre :

En ce moment ses forces militaires dans le monde sont presque doubles de celles de la France, et ses armées sont entretenues, ainsi que ses flottes, par les ressources des pays dont elle s'est emparée. Ses luttes continuelles dans les vastes régions de l'Orient habituent ses généraux au métier des armes. Son système commercial et ses immenses possessions

[1] La proclamation de Napoléon aux Espagnols est de 1808 ; elle contient les paroles suivantes : « Je déposerai alors tous mes droits, et je placerai « votre glorieuse couronne sur la tête d'un autre moi-même. »

M. Carnot, à qui l'on n'a pu reprocher qu'une seule faute grave dans l'une des trois carrières qu'il a parcourues, et dont le patriotisme ne s'est jamais démenti, s'exprime ainsi en parlant de Napoléon : « Elle (la France) » lui aurait même confirmé le nom de grand, que ses flatteurs s'étaient trop » pressés de lui donner, sans la déloyauté et l'extravagance de ses dernières » expéditions. » (Page 29 du *Mémoire adressé au roi*, en juillet 1814.)

dans les diverses parties du globe en font le réservoir de la richesse des nations ; ses ressources intérieures, ses capitaux, son industrie, échappent à tout calcul ; et malgré une dette de vingt-cinq milliards de francs, l'esprit public soutient si bien la confiance et le crédit, qu'il comble en quelque sorte ce déficit en donnant à des feuilles de papier le poids de plusieurs mines d'or.

Ses artistes ne sont pas plus intelligents que les nôtres ; mais telle est l'adresse que l'esprit public a d'encourager et de protéger tout ce qui est utile à la patrie anglaise, et l'adresse plus grande encore de ne point encourager par de sots éloges les vices nuisibles à la société, que deux hommes, l'un par l'invention de la machine à vapeur, l'autre par celle de la filature mécanique, ont réussi à doubler les forces productives de leur patrie.

Elle domine la Méditerranée et le Levant par Gibraltar, Malte et les îles Ioniennes ; par Sainte-Hélène et le cap de Bonne-Espérance, elle possède les voies du commerce le long des vastes côtes de l'Afrique ; Bombay, Calcutta, les Indes orientales, lui permettent d'étendre sa puissance jusqu'aux vastes régions de la Chine, où elle vient de prendre position. Elle domine encore les côtes de l'Inde occidentale et la mer des Caraïbes, par Halifax, les Bermudes, la Trinité, la terre de Falkand ; et enfin ses facteurs règnent sur quatre-vingts millions de sujets.

Qui donc a donné tant de vigueur à ses institutions politiques ? L'esprit public. Mais comment s'est-il formé ? Demandez-le à ses plus savants hommes d'état : toujours est-il vrai de dire que par l'esprit de sagesse et de prudence qui marche en Angleterre à côté de l'esprit public, cette île si peu étendue fait sentir l'effet de son industrie aux extrémités des quatre parties du monde ; elle en civilise une cinquième qui suivra ses lois, parlera sa langue et recevra ses mœurs et son négoce avec ses arts et ses lumières.

Avouons du moins que les causes secrètes de tant de succès toujours croissants méritent d'être bien étudiées et bien enseignées dans toutes nos écoles.

Avant de demander à leurs publicistes ce qu'ils pensent sur les moyens de former l'esprit public, remarquons un peu le singulier silence qui règne chaque dimanche dans la capitale de ce vaste empire pendant les heures consacrées à la prière : il est presque aussi profond dans toutes ses autres villes : il est encore aussi solennel dans toutes celles des états librement confédérés de l'Amérique septentrionale. Ces villes si animées à toutes les heures du jour par l'activité des affaires, semblent le dimanche, à l'heure du service divin, être veuves de leurs habitants : n'y aurait-il pas des liens mystérieux et secrets entre ce phénomène et l'esprit public de ces peuples libres ? Ce silence n'a-t-il aucun rapport au développement de leur richesse commerciale et de leur puissance ? Cette question mérite aussi d'être examinée.

Qu'apprennent-ils dans ces heures silencieuses ? Ils écoutent, dit-on, l'histoire et les instructions d'un petit nombre de héros intrépides qui jadis ont soumis l'empire romain en marchant seuls et désarmés au milieu de ses populations courroucées ; les tourments les plus intolérables ne purent intimider leur zèle ni lasser leur patience : l'un d'eux est né à Tarse en Cilicie ; la reconnaissance lui a dressé à Londres un monument somptueux du style grec le plus pur, auquel on monte par vingt-deux marches de marbre noir. Les travaux de ce nouvel Hercule sont représentés en bas-relief sur l'entablement qui décore le portique : la magnificence de l'estime intelligente et de la vénération publique a réuni dans l'enceinte de ce monument les statues des grands hommes qui ont servi la cause sainte de la patrie et de l'humanité. Une des plus remarquables foule aux pieds des chaînes et des fers ; elle tient d'une main les clefs d'une prison, et de l'autre un rouleau sur lequel on lit : *Plan pour améliorer les prisons et les hôpitaux* [1].

L'édifice tout entier retentit sans cesse des instructions qu'a données pour la civilisation du monde celui à qui on l'a consacré. C'est dans le recueillement le plus profond qu'elles sont écoutées. Le maître qui lui ordonna de parcourir la terre pour la civiliser, a son temple seulement dans les cœurs ; c'est à genoux que les hommes libres lui adressent des vœux et que les familles les plus distinguées, les plus opulentes, les plus instruites, lui parlent avec amour ; il vécut, dit-on, jusqu'à l'âge de trente ans dans une province retirée de la Palestine, d'où il sortit tout à coup pour donner des lois à l'univers.

Voyez dans la capitale de ce vaste empire la représentation nationale s'assembler d'une manière solennelle. Va-t-elle ordonner les formidables apprêts de la guerre? Non ; c'est pour écouter une humble femme, jeune encore, qui a consenti à descendre dans les antres du vice et du libertinage pour les purifier ; elle s'est enfermée dans un repaire de femmes dont le monde se détournait avec horreur ; elle n'a voulu les quitter qu'après avoir vaincu par sa constance et par l'as-

[1] La statue de John Howard.

cendant d'une vie chrétienne l'ennemi qui leur déchirait le cœur [1].

N'y aurait-il pas aussi des liens invisibles entre cette manière de diriger l'estime publique et la vaste étendue de cette domination qui s'étend sur toutes les mers ? Cette question mérite encore d'être examinée.

[1] Élisabeth Fry, dans les prisons de Newgate.

I

LA SCIENCE DU GOUVERNEMENT EST TRÈS-SIMPLE ; ELLE CONSISTE DANS L'INTELLIGENTE DIFFUSION DES LUMIÈRES DU CHRISTIANISME.

La lettre suivante, adressée par madame la duchesse d'Aiguillon à madame de Pompadour au sujet de la mort de Montesquieu, exprime deux opinions fort remarquables de l'illustre auteur de l'*Esprit des lois*; l'une en ces termes : *L'Évangile est le plus beau présent que Dieu pût faire aux hommes* ; la seconde, lorsqu'en parlant de la science du gouvernement il disait à sa noble amie : *science si simple et que les institutions ne font qu'embrouiller*. Ces deux pensées du grand homme qu'on a quelquefois surnommé le législateur des nations sont d'accord avec celle de Wilberforce, publiciste anglais, éclairé par quarante années de pratique parlementaire, qui, après avoir approfondi la science du christianisme, se sert de cette expression remarquable en parlant de Jésus-Christ :

Un observateur qui ne se trompa jamais [1].

Cet accord de Montesquieu et de Wilberforce au sujet des institutions du Christ mérite toute l'attention d'un lecteur français, surtout dans l'état d'anarchie où sont aujourd'hui en France les opinions politiques. Nous allons essayer d'y ajouter quelques développements.

LETTRE LXXXIX.

LA DUCHESSE D'AIGUILLON [2] A MADAME DE POMPADOUR.

Le 15 février 1775.

Plaignez-moi, madame ; je viens de perdre mon ami. Tant de devoirs m'enchainent encore à la vie, que je n'ose la détester hautement. Mais je publierai devant tout ce qui pourra m'entendre mon horreur pour les vils persécuteurs dont les vexations ont précipité sa fin. Je l'entends encore qui me dit : « Ces tracasseries altèrent ma » santé ; je vois qu'elles font impression sur des gens dont l'estime ou » l'amitié m'est précieuse. On m'a desservi auprès du roi. Mais par » pitié, qu'on me laisse finir mes jours en repos. Je respecte le culte » de mon pays : je l'ai dit cent fois publiquement. L'Évangile est le » plus beau présent que Dieu pût faire aux hommes. Mais les Jé-

[1] Le Christianisme des gens du monde, mis en opposition avec le véritable Christianisme (page 3, tome 1er), onzième édition.

[2] Anne Charlotte de Crussol, duchesse d'Aiguillon. Elle fut l'amie de Montesquieu : c'est assurément un beau titre pour la postérité. Ce fut elle à qui cet homme illustre remit en mourant son manuscrit des *Lettres persanes*, en lui disant : « Consultez avec mes amis, et jugez si ceci doit pa- » raître. » Elle mourut très-âgée, en 1772.

» suites..... Mais le père Routh..... Non, mon ami, je ne puis leur » sacrifier mes ouvrages. Consultez mes amis et conseillez-moi. Si j'ai » écrit quelque chose qui répugne à la raison, je me rétracte authen- » tiquement. » Voilà l'ami que j'ai perdu. Et mon fils! mon fils! quel maître il perd, et dans le moment où le président, flatté du succès de ses soins, se plaisait à le former à la science du gouvernement : science si simple, me disait cet illustre ami, et que les instituteurs ne font qu'embrouiller. Elle était simple pour lui, comme les mouvements de cet univers sont simples pour l'Être qui l'a créé. Il n'est plus un seul homme au monde avec qui j'ose avoir les connaissances que les femmes n'ont pas ordinairement, ou sur lesquelles on jette du ridicule. Je vous montre toute ma douleur, Madame, parce que vous connaissez le prix de l'amitié. Ne me consolez point. J'ai perdu mon ami. Plaignez-moi.

Montesquieu, éclairé par l'étude approfondie des lois de tous les peuples anciens et modernes, après avoir médité toute sa vie sur le principe des gouvernements, rend un hommage éclatant à la sagesse suprême des Évangiles. Ici c'est l'homme d'état qu'il faut écouter, l'homme qui a passé vingt ans à composer *l'Esprit des lois*. Il reconnaît dans cet ouvrage que les principes du christianisme feraient beaucoup plus que l'honneur des monarchies, la vertu des républiques et la crainte servile des états despotiques. Les chrétiens, dit-il, seraient infiniment éclairés sur leurs devoirs, et ils auraient un très grand zèle pour les remplir; ils sentiraient très-bien les droits de la défense naturelle; plus ils croiraient devoir à la religion, plus ils penseraient devoir à leur patrie (liv. XXXIV, ch. VI)

Lorsque Bayle, après avoir insulté toutes les religions, flétrit la religion chrétienne, lorsqu'il ose avancer que de véritables chrétiens ne formeraient pas un état qui pût subsister, on pourrait lui dire s'il vivait encore : « Ouvrez les yeux,

» jugez par des faits accomplis; voyez les états qui vous ont » précédé dans la carrière honorable de la liberté, ils sont » dotés depuis longtemps d'institutions chrétiennes, tous s'ap- » pliquent à plonger leurs populations naissantes dans les » eaux fortifiantes et salutaires du christianisme. Demandez » à ceux qui les dirigent comment ils ont réussi à former chez » eux l'esprit public, comment ils lui ont donné cette direc- » tion, cette unité, cette force, qui accroît incessamment la » puissance commerciale et militaire de ces nations libres. » Jetez ensuite un regard sur la vaste étendue des possessions de » l'Angleterre, demandez à ceux qui la gouvernent s'ils » croient que leur domination peut subsister avec leurs so- » ciétés bibliques, et pourquoi ils veulent que chaque famille » s'applique le dimanche à la lecture de l'Écriture sainte; » cherchez parmi les capitales de l'Europe celle où la so- » lennité du culte est la plus grande, où le silence et la so- » litude étonnent, sans qu'il puisse les comprendre, le voyageur » français. Comptez ensuite ceux des soldats et des matelots » anglais qui croient aux promesses du Christ, et voyez si la » discipline militaire ou navale a souffert de ce genre d'ins- » truction; demandez aux officiers supérieurs de leurs armées » s'ils croient à l'authenticité des Écritures et s'ils pensent » que la religion chrétienne nuise aux succès de leurs opéra- » tions militaires ou navales, à leurs entreprises commerciales, » à leurs négociations, à la solidité de leurs alliances avec les » autres nations de l'Europe, à l'harmonie des familles, à la » stabilité de leurs institutions, à la paix et à la liberté de » leur patrie. La civilisation chrétienne à mesure qu'elle » avance, non-seulement permet aux états de subsister, mais » elle est indispensable pour les faire fleurir en diminuant

» l'intensité du fléau de la guerre et en la réduisant à une dé-
» fense légitime. Elle tempère autant que possible les ri-
» gueurs de la conquête en ordonnant impérativement au
» vainqueur de la faire tourner à l'avantage même des indi-
» gènes conquis, et de marier de suite, à l'aide du christia-
» nisme, leurs intérêts avec ceux du conquérant. Demandez
» aux Anglais éclairés si cette combinaison politique a dimi-
» nué l'étendue de leur domination dans les cinq parties du
» monde, et si elle ne doit pas au contraire toujours présider
» aux conseils du pouvoir suprême, de sorte qu'épurée par la
» savante civilisation chrétienne, la guerre borne ses ravages
» à l'indispensable nécessité de triompher d'un agresseur. »

Lorsqu'on entend Voltaire appuyer l'opinion de Bayle, il faut se rappeler humblement que la raison de l'homme est faible, très-faible, trop misérablement faible pour lutter contre les questions de l'ordre moral, surtout contre l'immatérialité de l'âme et de la résurrection des corps: il faut se souvenir que le spirituel et amusant Voltaire était un excellent versificateur, que par cela même qu'il s'occupait de beaucoup de choses à la fois, il ne s'est point donné la peine de pâlir, comme les Bacon, les Milton, les Loke, les Pascal, les Newton et d'autres grands hommes de France, sur les rapports intimes du christianisme avec la politique. Montesquieu a voulu l'étudier en législateur, et après ses longs travaux il abjure les principes qu'il a posés et déchire ainsi lui-même son ouvrage presque tout entier, en présence de ce livre extraordinaire écrit en style trivial par des hommes d'un esprit naguère lourd et borné, dont le maître était le fils d'un pauvre artisan.

Ce livre singulier paraît aux yeux de nos villageois et de nos artisans, de nos soldats et de nos matelots, n'être qu'une compilation de contes absurdes et ridicules, indignes d'arrêter un seul instant leur attention, tandis que l'opinion de Montesquieu sur la législation chrétienne est aujourd'hui adoptée par tous les grands hommes d'état de l'ancien et du nouveau monde, et se fortifie à mesure que l'art de gouverner est mieux compris par les familles des nations libres.

Nous croyons ne pas nous tromper en disant que *cette science si simple du gouvernement, que les instituteurs ne font qu'embrouiller*, consiste à répandre à pleines mains les trésors du christianisme, non pas du christianisme modifié, corrigé, tronqué par la faible raison de nos philosophes, ou défiguré par des superstitions bizarres; mais le christianisme tout entier, tel que l'ont enseigné les apôtres, avec ses dogmes victorieux, dont le principal assure à l'homme une seconde existence. Sans les dogmes qui lui servent pour ainsi dire d'armure, le volume sacré ne peut plus défendre la cause sainte de l'humanité et demeure en quelque sorte spectateur inutile et immobile des misères sans nombre qui passent devant lui. La morale sublime et vivifiante de l'Évangile s'évanouit si la certitude d'un Dieu rémunérateur et vengeur ne la soutient pas; ce dogme lui seul suffit pour animer les sociétés par l'espérance et par la crainte; sans lui tout l'édifice du christianisme s'écroule; le code suprême sans ses dogmes n'est plus qu'un vain et stérile assemblage de maximes impraticables, un cahier de papier sans autorité, sans influence sur la civilisation, une loi qui demeure parfaite, il est vrai, et qui sait résoudre toutes les questions relatives au gouvernement, mais que le magistrat ne sait ni défendre ni faire exécuter. Ce code immortel des nations libres, sans l'autorité suprême de ses dogmes, garde un morne et profond silence au milieu des orages sans nombre que les passions humaines soulèvent chaque jour dans le cœur des sociétés ; il reste muet, insensible en leur présence, et les abandonne comme des malades sans espoir aux misères et aux infirmités politiques sans nombre dont elles sont affligées.

Tout change pour les corps politiques lorsque les dogmes religieux se montrent ; alors, mais seulement alors, la conviction d'une seconde existence pénètre dans les esprits, et le Nouveau Testament devient le trésor des familles. La présence d'un Dieu dont les yeux sont toujours ouverts, et qui sonde les replis les plus cachés du cœur, d'un Dieu qui, au terme de cette courte épreuve qu'on appelle la vie, récompense avec justice ou punit avec rigueur ceux qu'il a créés pour le connaître et pour l'aimer ; cette présence une fois démontrée par la résurrection de Jésus-Christ, toutes ses révélations sur le monde invisible deviennent pour cette société nouvelle un sujet de joie ou de terreur, et elle reçoit par anticipation une seconde vie. Aussi l'histoire la plus authentique atteste que sous Néron et Trajan des milliers de païens et d'Israélites changèrent spontanément de conduite lorsqu'ils eurent la conviction parfaite du grand miracle de la résurrection du Christ. Ce miracle, fût-il le seul incontestable, nous ouvre un second univers ; si, au contraire, vous ôtez à une famille la conviction intime de la vérité bien constatée de ce grand phénomène, l'Évangile n'est plus rien pour elle ; le sceptique vous dira : « Je vois les » sacrifices que vous me demandez ; mais où est la couronne » que vous me promettez au terme de cette carrière semée » d'épines aiguës que vous ouvrez devant moi ? Si je ne dois » être un jour qu'une froide poussière, je vais me livrer à » tous les déréglements que la nature et la société soulèvent

» dans mon cœur. » Mais si vous lui garantissez au terme de sa courte vie des plaisirs durables ou des peines sévères, alors une révolution soudaine va s'opérer en lui ; il va saisir le livre de ses espérances, et se disposer enfin à l'étude du christianisme. Ainsi les premiers païens affrontèrent des périls toujours renaissants lorsqu'ils eurent la preuve matérielle de la résurrection du Christ, soit comme témoins oculaires de ce miracle, soit par les informations qu'ils furent à même de prendre auprès de ceux qui en avaient été les témoins oculaires.

Cette vérité consolante et redoutable d'une vie future une fois éclaircie, ce prodige matériel de la résurrection de Jésus-Christ une fois démontré par l'histoire comme un fait appuyé par d'innombrables, par d'irrécusables témoignages, les gouvernements, quelles que soient leur domination et la forme de leur administration intérieure, ont trouvé le ressort caché de l'esprit public ; ils marchent pour ainsi dire tout seuls ; il n'y a plus qu'un seul monarque sur la terre, c'est le Christ ; il est non pas seulement aimé, mais adoré de ses sujets ; ils courent au-devant de ses instructions et de ses désirs, qui sont de rendre les hommes heureux, de faire vivre les nations comme des sœurs étroitement unies par les charmes de l'amitié, par les bienfaits d'une éducation distinguée, par les nœuds d'une estime profonde et intelligente, et de réunir ainsi en une seule famille toutes les familles de la terre.

Au lever du jour, le serviteur fidèle, quelle que soit sa condition, voit son maître dont les yeux sont ouverts avant les siens : c'est son père, c'est son ami, c'est le créateur de ces myriades de mondes perdus dans l'immensité, et dont les soleils se montrent pendant la nuit comme des points étincelants attachés à la voûte des cieux ; cet ami, ce père, dont l'intelligence invisible s'étend partout comme la lumière du jour, va le suivre dans le détail de ses pénibles travaux. Par les ordres de son créateur, l'homme demeure comme une sentinelle vigilante au poste où sa vocation l'appelle ; il ne lutte point contre les puissances établies : il les respecte en accomplissant avec soumission, avec zèle, avec amour, la tâche pénible que Dieu lui a donnée comme une épreuve, et il se repose avec confiance sur sa bonté paternelle, sur sa justice, sur sa puissance, du soin de le juger et de le récompenser.

Son devoir lui commande de défendre la cause sainte de l'humanité, qui ne diffère point de celle de la patrie ; la patrie est chère à son cœur ; il la protége de tous ses moyens pendant la paix et pendant la guerre ; mais fidèle aux lois divines, il ne lui permet pas d'opprimer les autres nations ; il veut qu'elle soit exempte de fraude et d'injustice, de haine et d'orgueil, d'avarice et de cruauté ; il sait ce qui fait la grandeur, la force et la durée des institutions libres ; les biens qu'il possède il les veut aussi pour les peuples étrangers ; il comprend que la gloire et la puissance de sa patrie commande à ses enfants une intelligente distribution de l'estime publique, et que l'opinion doit être dirigée par les règles savantes du christianisme, afin de former l'esprit public comme il doit l'être, et d'affaiblir autant que possible l'égoïsme, ce redoutable ennemi des sociétés. L'opinion éclairée par le christianisme peut seule diriger vers un même point, qui est la main paternelle et chrétienne de son roi, toutes les forces intellectuelles, physiques et morales de la patrie, afin de prêter à cette main généreuse une force imposante, et d'y faire abonder des trésors qu'elle répand ensuite avec amour sur tous ses sujets devenus ses enfants.

Ajoutez ces idées chrétiennes aux connaissances très-étendues de chacun de vos magistrats et de vos officiers; faites-les pénétrer comme une lumière vivifiante dans la tête de vos soldats et de vos matelots, et vous verrez la discipline militaire et civile se fortifier par des liens nouveaux; vous verrez la force de l'état s'accroître incessamment par la convergence de toutes les opinions, et produire l'amour éclairé de la patrie, c'est-à-dire l'esprit public. Mais si vous ôtez au christianisme ses dogmes triomphants, celui surtout qui anéantit la mort, il tombe : la charte divine est déchirée; elle ne reparaîtra qu'avec la promesse qui garantit à l'homme une récompense éclatante ou un châtiment rigoureux après sa mort, selon qu'il aura respecté ou transgressé les lois divines.

Nous croyons maintenant comprendre la pensée de Montesquieu : *la science du gouvernement est très-simple, et les instituteurs ne font que l'embrouiller*; elle est simple, en effet, si elle consiste seulement à faire briller de toutes parts la lumière divine du christianisme primitif dans les états que l'on veut gouverner. L'illustre auteur de *l'Esprit des lois* a reconnu que les principes du christianisme bien gravés dans le cœur des hommes seraient infiniment plus forts pour les gouverner que le faux honneur des monarchies, les vertus humaines des républiques et la crainte servile des états despotiques; il a sondé les profondeurs de ce code immortel, et il y a trouvé un trésor inépuisable de sagesse et de grandeur pour sa patrie; il renonce aux principes qu'il a posés lui-même après ses longs et pénibles travaux, et rend ainsi un hommage éclatant aux institutions politiques de Jésus-Christ et de ses apôtres. Si l'on rejette l'opinion de ce grand penseur, de ce savant laborieux que Voltaire lui-même désignait comme l'un de nos meilleurs citoyens; si l'on dédaigne de céder à l'opinion des publicistes et à celle des peuples libres éclairés aujourd'hui par l'expérience qu'ils ont pu faire avant nous sur la vie politique ; si l'on repousse en outre le code universel de Jésus-Christ, à quelle opinion humaine faudra-t-il donc s'arrêter ?

Montesquieu, comme on le voit dans la lettre que nous venons de transcrire, a lutté au péril de ses jours pour soutenir que l'Évangile est le plus beau présent que le ciel ait fait à la terre ; il semble, d'après ce savant illustre, que peu importe la forme ou la dénomination du pouvoir suprême lorsqu'il s'applique à propager le christianisme ; le gouvernement est toujours sage, sa marche est toujours savante, lorsqu'il réussit à faire pénétrer dans tous les cœurs et dans tous les esprits la chaleur et la lumière vivifiante et divine de ce livre extraordinaire, et les instructions souverainement sages des apôtres.

Ainsi, écarter tout ce qui peut nuire à la diffusion des lumières du christianisme, faire pénétrer ces lumières, tantôt par l'autorité d'un sceptre de fer, comme dans les gouvernements despotiques, tantôt par la puissance irrésistible de l'opinion, comme dans les gouvernements constitutionnels ou démocratiques; telle nous paraît être, selon Montesquieu et d'après la lettre que nous venons de citer plus haut, la science *très-simple du gouvernement*.

Les formes administratives peuvent sans rien changer à ce principe être différentes dans les états divers de la grande famille chrétienne ; elles doivent se plier aux coutumes, aux tempéraments divers des peuples, à leur sensibilité, à leur organisation, au climat qui les environne, aux préjugés antérieurs, aux souvenirs, à mille causes secondaires diverses qui peuvent les émouvoir; mais tous les efforts principaux du gouvernement n'en doivent pas moins tendre au christianisme, et à le faire étudier tous les jours avec ardeur et dans toutes les familles; elles doivent se livrer toutes, dans les états libres surtout, avec un zèle toujours croissant à la lecture de ce code impérissable; il est la totalité de leurs trésors; toutes les ombres historiques qui l'enveloppent doivent être dissipées, tous les doutes des esprits forts de nos ateliers et de nos villages doivent être éclaircis; il faut enfin qu'à la faveur du pouvoir, quelle que soit sa dénomination, les arguments philosophiques et les superstitions grossières disparaissent toutes en même temps comme ces oiseaux nocturnes de nature équivoque qui, à la naissance du jour, vont se cacher dans les anfractuosités de nos vieux édifices.

Le christianisme doit aussi présider à toutes les relations internationales, afin de réunir en un seul corps tous les peuples de la terre; ces peuples doivent réunir leurs efforts pour vaincre les préjugés barbares, les superstitions grossières qui affligent depuis si longtemps les nations de l'Europe; ces ennemis une fois vaincus, leurs armées iront de concert propager au milieu des peuples sauvages les bienfaits de la véritable civilisation.

Ce résultat, si on l'obtient un jour, permettra de répandre avec efficacité, parmi les nations idolâtres, les bienfaits inappréciables de la législation chrétienne; et c'est alors seulement que l'Algérie sera conquise; cette croisade sera digne de la chrétienté; les peuples oublieront à la voix du Christ leurs puériles querelles ; ils resteront unis sous le même drapeau, celui de la civilisation chrétienne ; animés par cette grande pensée, ils protégeront la paix du monde, et feront cesser pour toujours cette guerre cruelle que l'homme fait à son semblable ; ils anéantiront de concert toutes ces noires superstitions qu'ont enfantées l'égoïsme et l'ignorance, et feront régner enfin la paix et la bonne volonté parmi les hommes.

Aujourd'hui les gouvernements libres de l'Amérique et de l'Angleterre consacrent annuellement plus de dix millions chacun pour répandre à pleines mains l'Écriture sainte en tous lieux et dans toutes les familles. En conséquence, on est forcé de reconnaître comme un fait incontestable que la liberté protége la religion chrétienne. Celle-ci à son tour protége la liberté. Ces deux arbrisseaux croissent et meurent ensemble ; ils grandissent à l'ombre l'un de l'autre. Les nations éclairées et florissantes qui ont précédé la France dans la carrière de la liberté avouent à l'unanimité l'importance des institutions chrétiennes par les soins infinis qu'elles prennent d'en disperser partout la lumière. La superstition, au contraire, cherche les ténèbres et le despotisme.

L'opinion que nous adoptons avec Montesquieu et avec plusieurs millions de familles libres n'est donc point une opinion hasardée [1].

[1] Il est remarquable que l'Amérique possède, sous le nom de *revivals*, des cérémonies religieuses dont l'objet final est d'inspirer, par les deux grands mobiles de la crainte et de l'espérance, tout ce que les sociétés humaines ont de plus précieux, c'est-à-dire les savantes instructions des Écritures. Il faut lire le détail des établissements agricoles que fondent chaque jour les Américains auprès des sauvages : la discipline religieuse, bien plus rigide, bien plus efficace que la discipline militaire, est le nerf de ces établissements ; sans la religion chrétienne, ses promesses, ses consolations, ses ordres, ses

savantes instructions, que seraient devenues les familles américaines placées aux avant-postes de la civilisation ? Eussent-elles triomphé des obstacles sans nombre que leur ont opposés les sauvages disséminés dans ces vastes solitudes ? Leur position offre quelque analogie avec celle des Français en Afrique. — Mais il y a cette différence essentielle que les Arabes puisent dans le mahométisme des moyens de résistance bien supérieurs a ceux que l'idolâtrie peut donner aux sauvages ; ces moyens doivent aussi un jour succomber sous l'effort d'une civilisation chrétienne, et se fondre, pour ainsi dire, en sa présence et à sa chaleur. Mais il faudra plus que de l'artillerie et des carabines pour terminer la guerre de l'Algérie : il faudra des colonies à la fois militaires et chrétiennes, offrant aux indigènes le spectacle édifiant des bonnes mœurs; on triomphera de ces difficultés par des règlements convenables sur l'éducation des enfants.

Pour donner une idée de l'avidité que l'on montre dans quelques états pour les livres chrétiens, nous citerons un opuscule in 32 de 103 pages, intitulé : *le Miel découlant du rocher qui est Christ*. Il en a été publié plus de quarante éditions dans la seule ville de Londres.

II

MÉTHODE ATTRIBUÉE A FRANÇOIS BACON ET ADOPTÉE PAR TOUS LES SAVANTS MODERNES POUR GUIDER LA RAISON DANS LA RECHERCHE DES THÉORIES PHYSICO-MATHÉMATIQUES. — ELLE SEULE PEUT CONDUIRE LE PHILOSOPHE A LA DÉCOUVERTE DE LA VÉRITÉ.

USAGE DE CETTE MÉTHODE :

1° POUR COMPARER LES INSTRUCTIONS RELIGIEUSES QUI ONT ÉTÉ RÉPANDUES EN FRANCE PAR LE CLERGÉ ROMAIN AVANT ET DEPUIS LA RÉVOLUTION DE JUILLET, AFIN D'APPRÉCIER PAR CETTE COMPARAISON LES AVANTAGES DE NOS INSTITUTIONS NOUVELLES ;

2° POUR JUGER SI L'HOMME A REÇU QUELQUEFOIS LE DON DE PROPHÉTIE.

La méthode féconde que les savants modernes suivent aujourd'hui dans la recherche des vérités physiques et mathématiques consiste à réunir d'abord des observations et des expériences, à les mettre en ordre par le raisonnement, à les combiner par le calcul, de sorte qu'une théorie repose toujours sur le témoignage des sens ; on ne se fie qu'à leur déclaration ; on ne juge que d'après eux seuls. C'est ainsi que Newton s'emparant des observations astronomiques de Kepler, et se servant, si l'on peut s'exprimer ainsi, des yeux et des mains de ses prédécesseurs, découvrit, à l'aide des méthodes ingénieuses du calcul, la loi de la gravitation, et nous fit connaître que les astres de notre système planétaire s'attirent mutuellement en raison directe des masses et réciproquement au carré des distances.

Lorsque la raison veut combattre l'erreur et toute son armée de sophismes, elle doit, dans ses dispositions militaires, mettre toujours à l'avant-garde les observations, les expériences et les faits, c'est-à-dire le témoignage des sens. Une fois que les sens du toucher, de l'ouïe et de la vue ont fait leurs rapports très-exacts, alors, mais seulement alors, la raison commence ses opérations ; elle juge, comme on le fait tous les jours devant nos tribunaux, d'après les dépositions de plusieurs témoins, et de même que le président d'une cour d'assises, après avoir mis dans l'ordre qu'il juge le plus convenable les faits principaux d'une procédure, résume les débats et pose le principe d'une action, de même aussi une société savante adopte une théorie d'après les observations bien vérifiées et les expériences nombreuses et réitérées qui lui ont servi de base.

Si dans les sciences physico-mathématiques la raison doit d'abord entendre la déposition des sens, c'est-à-dire rassembler des observations et des expériences, il faut aussi dans les sciences conjecturales, telles que la philosophie, ne s'appuyer que sur des faits : or, quels faits ont été appréciés par les sens dans le monde invisible? aucun. Quels faits garantissent à l'homme une seconde existence? un seul : celui de la résurrection du Christ. A l'exception de ce fait unique que les sens ont pu juger et autour duquel sont groupés des milliers de témoignages indubitables, il n'en existe aucun autre qui puisse servir de fondement à une opinion quelconque sur le sort qui est réservé à l'homme après sa mort. En conséquence toutes les opinions philosophiques ne doivent être considérées que comme des spéculations plus ou moins ingénieuses qui n'offrent aucune garantie à l'homme, et la preuve incontestable de leur faiblesse, c'est que plusieurs d'entre elles se contredisent dans leurs conclusions : il ne faut point s'étonner de leur divergence, mais au contraire il faudrait s'étonner beaucoup si elles concouraient aux mêmes conclusions. Pourquoi? Parce que les expériences et les observations leur manquent, et que d'après le principe de Bacon elles n'ont aucun fondement solide; ensuite parce que dans ces questions compliquées la raison isolée de l'homme est trop faible, et que privée de ces ailes rapides qu'on a su lui donner artificiellement par les méthodes de calcul dans les sciences physico-mathématiques, elle ne peut pas s'élever jusqu'à la vérité dans les sciences conjecturales, telles que la politique et la philosophie, qui n'admettent pas ces méthodes ingénieuses. Ces deux appuis, savoir, l'expérience et le calcul, manquent totalement à la philosophie religieuse ; il faudrait donc être surpris, saisi d'étonnement, si elle devinait sans aucun autre secours que la pâle lumière de l'intelligence humaine ce qui attend l'homme dans la nuit du tombeau. L'homme ne peut avoir aucune confiance dans les conclusions de ses raisonnements sur la vie future, parce qu'il ne doit croire que des faits; aussi doit-on remarquer que cette philosophie arrogante, qui pour juger d'une seconde existence ne s'appuie pas, ne peut pas s'appuyer sur des faits vus, entendus ou touchés, conduit nécessairement à l'incertitude de l'avenir ; cela doit être. Ce défaut de méthode, ou, ce qui revient au même, l'oubli du sage précepte de François Bacon dans l'art de raisonner, achève, sinon d'éteindre la lumière de la raison, du moins de la rendre inutile pour juger la question capitale d'une vie future ou d'une nuit éternelle.

Passons à un autre exemple : L'histoire nous a livré des faits, les uns parfaitement bien constatés, les autres douteux. Napoléon a-t-il existé ? oui. Voilà un fait incontestable. Desaix, Hoche, Kléber, ont-ils combattu pour la France comme de vaillants guerriers ? Voilà des vérités sur lesquelles tout le monde est d'accord ; ils ont été vus et entendus par plusieurs de nos contemporains dirigeant nos colonnes et leur donnant l'exemple des vertus militaires ; nous avons encore mille autres preuves qu'ils ont existé, qu'ils ont servi dans nos armées, et au besoin plusieurs documents écrits constateraient leur position et leur grade à des époques bien déterminées. Mais combien d'autres faits sont incertains ! combien manquent de témoignages suffisants pour être admis comme vrais ! combien sont en partie cachés dans les ténèbres de l'histoire ! On sait que des empires se sont élevés, que d'autres ont disparu. Mais au nombre des événements divers que les historiens nous ont transmis, comment pourrons-nous bien discerner ceux qui furent la cause de la grandeur et de la décadence des nations ? Ici, la raison de l'homme est faible, et ces questions sont si compliquées, que le philosophe, s'il connaît bien la portée de son intelligence, n'osera que d'une plume bien timide écrire les principes qui font la grandeur ou la ruine des états. Quelques-uns l'ont osé, entre autres Montesquieu et Mably, et déjà ils n'étaient point d'accord. Le premier, après d'opiniâtres méditations, a dit que les monarchies se gouvernaient par l'honneur et pourraient se passer de vertu. Se serait-il mal expliqué ? Il connaissait cependant le sens précis des mots ; il n'aura pas hasardé une assertion de ce genre avant d'avoir consulté la langue dont il savait si bien les secrets. Mably condamne cette opinion et pose la vertu comme nécessaire au gouvernement des peuples. Mais lui-même il ne fixe pas la signification du mot qu'il emploie ; il ne dit pas quels sont les éléments de l'idée complexe renfermée dans le mot vertu, de quelles qualités il veut qu'elle soit composée ; il semble ignorer l'existence de deux vertus chrétiennes reconnues comme inappréciables pour la paix du monde et qui exigent le sacrifice de l'égoïsme et de l'orgueil, ces deux ennemis mortels du repos des sociétés ; il les passe sous silence, tandis que les publicistes modernes les plus éclairés s'appliquent à les répandre à pleines mains dans leur patrie, autant du moins que le permet la nature rebelle de leurs concitoyens.

On voit donc ici deux grandes intelligences montrer par leur désacord que les questions qu'ils ont poursuivies avec ardeur pendant toute leur vie savante sont trop loin du foyer de la raison philosophique, seule lumière qui les a guidés. Quoiqu'ils se soient appuyés l'un et l'autre sur quelques expériences, sur quelques faits historiques plus ou moins bien constatés, ces faits ont été trop rares, trop complexes, et comme tels, trop incertains pour que Montesquieu et Mably aient pu fonder sur eux des principes incontestables ; d'ailleurs il est bien constaté par l'expérience que l'intelligence de l'homme, quelque développée qu'on la suppose, ne peut s'élever à la hauteur où ces vérités se sont assises sans emprunter le secours d'une intelligence étrangère supérieure à la sienne.

Cependant quelques philosophes ont été d'accord sur un petit nombre de vérités politiques : tous, par exemple, reconnaissent que les bonnes mœurs sont nécessaires à la vie des états libres, comme un air pur à la vie de l'homme ; que l'humanité doit toujours présider aux conseils des souverains lorsqu'ils délibèrent sur le gouvernement des peuples confiés à leurs soins, ou lorsqu'ils croient reconnaître la nécessité de porter la guerre au dehors ; que les lois sont bientôt méprisées lorsque les vertus domestiques cessent de les soutenir ; que la bonne foi doit présider à tous les traités, et qu'à l'exemple de notre aimable chevalier français Henri IV, il faut négocier d'une manière franche et noble, et donner aux ambassadeurs des instructions où respire la loyauté.

Ces conseils, dictés par le cœur des publicistes les plus vertueux et les plus éclairés, quelque sages qu'ils soient, ne sont, nous le répétons, que des principes appuyés sur un petit nombre d'expériences. La raison dit bien que la bonne foi, la justice et la modération désarment les haines et sait gagner quelquefois les cœurs; un petit nombre de faits obscurs montrent que cette conduite est encore la plus sûre et la plus utile pour conserver ou pour étendre la puissance d'un peuple; mais ils ne donnent pas à l'esprit cette conviction qu'il demande.

A l'exception d'un petit nombre de vérités utiles, qui d'ailleurs ne sont pas comprises par toutes les hautes intelligences humaines, la philosophie n'éclaire plus dans la nuit épaisse des sciences compliquées de la politique, il faut y porter une lumière plus vive : la lumière divine. Il faut pour résoudre cette question, puisqu'elle ne peut pas l'être par l'expérience, qu'une intelligence supérieure à celle de l'humanité vienne au secours de la faiblesse intellectuelle de nos savants philosophes.

La raison la plus cultivée donnera-t-elle, par exemple, à une nation les moyens de se corriger de l'égoïsme lorsqu'il a été professé pendant plusieurs années au milieu des rues ? Des raisonnements philosophiques ressusciteront-ils l'amour de la patrie lorsqu'il est mort dans presque tous les cœurs ? Sur quelles expériences s'appuiera la raison pour démontrer que l'égoïsme privé est contraire aux intérêts de celui qui s'y abandonne ? L'égoïsme, lorsqu'il ne croit pas à une vie future, n'est qu'un bon logicien : buvons et mangeons, dira-t-il, car demain nous mourrons. Ces paroles de l'apôtre des Gentils se présentent immédiatement à l'esprit de celui qui n'a d'autre dieu que lui-même.

On peut dissiper quelques erreurs par des raisonnements ; mais s'ils sont compliqués, les peuples ne les comprendront point. Ces raisonnements sont d'ailleurs souvent démentis par des résultats en apparence avantageux et par des succès trompeurs. Parlez au cœur, dira l'un de nos publicistes ; mais si les cœurs sont engourdis par l'indifférence ou par l'égoïsme, comment vous ferez vous entendre ? Les foudres oratoires de Démosthène ont-elles relevé dans sa patrie les mœurs privées de leur dégradation ? ont-elles réussi à contenir dans Athènes l'effort des passions qui sapaient les fondements de la liberté ? — L'intérêt privé a quelquefois (l'expérience le prouve) parlé plus haut que l'amour des lois et de l'humanité. L'égoïsme met un bandeau sur les yeux des peuples et leur cache l'avenir qui les menace. Quelle puissance peut donc arracher l'homme à ses tyrans, c'est-à-dire à ses vices? une seule : c'est la puissance divine ; c'est la promesse faite par un père indulgent qui peut tout, qui sait donner la vie, la reprendre et la donner encore.

Cette puissance divine a-t-elle parlé? Qu'a-t-elle dit? où sont les preuves matérielles de son apparition sur la terre? Si ces questions sont une fois éclaircies, une révolution peut s'opérer dans le cœur de l'homme, et l'expérience l'a prouvé ; l'histoire la plus authentique qui fût jamais atteste que les premiers siècles du christianisme furent témoins d'un changement de mœurs violemment opéré dans les familles païennes et israélites qui connurent le miracle de la résurrection.

Voici maintenant une troisième question très-importante qui doit, comme toutes les autres, être jugée par des expériences, par des observations attentives, par des faits nombreux et bien constatés. Sommes-nous aujourd'hui plus rapprochés des instructions du Christ et des apôtres que nous ne l'étions il y a dix ans? La comparaison des livres que le clergé publie et de ceux qu'il a publiés alors, jointe aux observations des autorités civiles, pourra jeter quelque lumière sur cette importante question ; nous saurons par la comparaison des faits observés dans chaque commune si la direction de l'instruction religieuse est aujourd'hui préférable à celle du règne précédent. Nous voulons moins donner ici des chiffres exacts qu'une méthode pour juger cette question vitale. Pour cela supposons que chacun dans la ville ou dans le village qu'il habite fasse la comparaison de l'instruction religieuse que reçoit aujourd'hui sa famille, et de celle qui lui était donnée avant la révolution de juillet, soit par les livres de piété qui lui ont été remis à ces deux époques, soit par le choix du prêtre qui le dirige : si le chef d'une famille reconnaît une amélioration sensible dans ce puissant moyen de civilisation, qu'il applaudisse nos institutions libérales, qu'il loue la marche du ministère; qu'il fasse mieux encore, qu'il vienne à son secours pour l'aider à perfectionner l'instruction religieuse des familles dans sa paroisse, qu'il se nourrisse lui-même avidement de la parole de vie; et alors il aura fait un usage intelligent de sa liberté, et il contribuera plus qu'il ne le croit peut-être à la gloire de sa patrie : car si une fois la religion chrétienne sort des nuages de la superstition et de l'idéologie, la liberté est sauvée ; si ces nuages s'épaississent, elle est perdue, et nous retombons dans le chaos révolutionnaire.

Fidèles à la méthode expérimentale que nous avons adoptée et que tous les savants ont reconnue comme la seule qui puisse triompher des sophismes de l'erreur, nous supposerons des chiffres, mais ils devront être vérifiés dans chacune de nos localités; ces chiffres seront donnés par les autorités civiles dans chacune de nos mairies, et certes, un rapport fait par nos représentants intéresserait vivement la France s'il nous apprenait ce qui se passe au milieu de nos villes sur le développement des institutions chrétiennes et sur la direction que prend l'instruction religieuse, car là est certainement la pierre de touche de la civilisation; là est l'avenir de la France, et c'est l'avenir qui nous intéresse; c'est sur le sort futur de notre pays que nous devons arrêter notre attention. Le présent peut et doit offrir de grandes difficultés à résoudre et plusieurs guerres à soutenir pour fonder le nouvel édifice social : nous voulons laisser à nos enfants un héritage qu'ils devront accroître à leur tour par des soins attentifs et intelligents ; nous devons leur léguer les biens que nous avons reçus de nos pères, augmentés de tous ceux que notre intelligence et nos travaux assidus pourront y ajouter, afin que nos descendants se souviennent encore dans plusieurs siècles de la glorieuse révolution de juillet.

S'il est vrai, comme le reconnaissent aujourd'hui les publicistes les plus éclairés, que les institutions chrétiennes, selon qu'elles se rapprochent davantage de l'église primitive, sont plus utiles à l'humanité, combien nos regards doivent être attentifs à encourager les améliorations que nos évêques français modernes ont commencées pour nous rapprocher de la direction que les Pères de l'Église ont suivie ! Si le malheur et l'aveuglement des nations sont intimement liés entre eux, combien nos évêques doivent-ils être soutenus par la puissance souveraine de l'opinion publique, lorsqu'ils permettent aux familles de leurs diocèses la lecture de l'Écriture sainte, afin qu'elles puissent lutter avec succès contre les désordres qu'enfantent la superstition et l'idéologie ! Essayons par deux citations de nous faire une idée des progrès que nous avons déjà faits depuis quelques années dans cette vaste arène où la vérité lutte contre l'erreur. Une gloire immortelle attend le peuple français si la vérité triomphe dans ces nouveaux combats.

Si quelques uns de nos députés faisaient connaître chaque année à la France les progrès de l'instruction religieuse par des rapports établis sur un modèle qui serait donné à l'autorité civile, si ce modèle indiquait la comparaison des livres distribués dans les familles pendant l'année de la session et celle qui la précède, et qu'une commission fût chargée de faire, d'après ce rapport de l'autorité civile, des observations solennelles, modérées, respectueuses et bien motivées ; si la commission proposait des moyens d'accélérer le mouvement déjà commencé par nos évêques français, afin de gagner de vitesse le fléau de l'idéologie qui continue de promener en France ses ravages sur le corps social tout entier, et qui atteint chaque jour, grâces aux sophismes de certains journaux, les branches les plus éloignées du grand arbre de la liberté, comme si elle voulait les dessécher et les faire mourir ; cette commission serait écoutée avidement de tous ceux qui ont étudié l'influence que la religion chrétienne exerce sur les destinées d'un empire.

Pour donner un exemple de cette comparaison, nous citerons un livre que l'on distribuait en 1834, au nombre de dix ou douze mille exemplaires, dans les paroisses qui environnent la ville de Nantes ; ce petit volume, intitulé *Instruction sur le chemin de la Croix*, contient quinze pages d'indulgences dont on extrait seulement les lignes suivantes :

« Indulgence de cent ans, toutes les fois que l'on a dit dévotement :
» *Benedicta sit sacra et immaculata conceptio beatissimæ virginis*
» *Mariæ. Amen.* (C. Grégoire XV.)

» Indulgence de dix mille ans pour réciter dévotement cinq *Pater*
» et *Ave Maria* en l'honneur de la Passion de Notre-Seigneur Jésus-
» Christ ou des angoises de sa très-sainte Mère. (Léon X, aux in-
» stances des frères mineurs.)

» Indulgence de trente mille et huit cents ans (30,800 ans) ap-
» plicable aux âmes du purgatoire, *per modum suffragii*, pour

» dire ou entendre dévotement la messe. (Innocent IV. Martin V.
» Sixte VI.) [1]

L'ouvrage dont on se permet de citer ici seulement quelques lignes était, en 1834, moins répandu qu'à l'époque des missions ; mais, on le répète, les libraires de la seule ville de Nantes en fournissaient, disait-on [2] à cette époque, à peu près dix à douze mille exemplaires par année. On peut dire de ces quinze pages d'indulgences qu'elles tournent la religion chrétienne en ridicule.

Voici maintenant un extrait des livres que l'on publie avec l'autorisation de nos modernes évêques constitutionnels :

« Lisez l'Écriture sainte, mon fils, non-seulement lorsque vous » assistez à l'office divin dans une église, mais encore dans l'inté» rieur de votre maison, et au sein de votre famille.

» Cette lecture est plus nécessaire aux personnes du monde qu'aux » religieux qui vivent dans le cloitre, car le monde est bien plus fé» cond en périls que la solitude, et le soldat dans les combats a be» soin d'être mieux armé que lorsqu'il habite en paix au milieu » d'une cité paisible.

» Je ne crois pas qu'un chrétien qui néglige volontairement la lec» ture spirituelle puisse réussir dans l'importante affaire de son salut.

» Un ouvrier pauvre vendrait tout ce qu'il a dans sa maison, plutôt » que de se défaire de l'outil à l'aide duquel il gagne son pain chaque » jour. L'Écriture sainte est pour nous comme l'instrument du salut » éternel ; sachons donc le conserver toujours, et ne nous en dé» faisons qu'à la dernière extrémité.

[1] Page 108 et 109, édition de 1827, librairie de Mellinet, imprimeur de monseigneur l'évêque et du clergé de Nantes.

[2] Ces chiffres ne sont point garantis par l'auteur ; ils résultent de quelques informations qu'il a prises à ce sujet.

« L'indigence seule peut rendre excusable un chrétien qui ne pos-
» sède pas ce livre, où sont renfermées ses espérances éternelles. »[1]

A-t-il existé sous l'empire un seul livre approuvé par les évêques français que l'on puisse comparer à celui dont nous venons d'extraire ces instructions souverainement libérales et toutes riches de civilisation? Elles font aimer le clergé français et nous le montrent comme l'appui de nos institutions nouvelles.

En comparant ce nouveau langage à celui que naguère tenaient les prêtres, on serait tenté de croire que, dans cette formidable institution, il a existé de tout temps une minorité savante et vertueuse, dont la voix a été comme étouffée sous le despotisme d'une majorité ignorante ou fanatique, et qui n'a pu se faire entendre pour la première fois qu'à la faveur de notre liberté de juillet; c'est maintenant au peuple à seconder les efforts de cette minorité intelligente et vénérable, afin de l'aider à propager des instructions de ce genre, et à faire bannir pour toujours, de concert avec elle, ces noires supersti-

[1] Le Chrétien à l'école de saint Augustin, page 75, par M. l'abbé Petit : chez F. Boutet, imprimeur-libraire de monseigneur l'évêque et du clergé, à la Rochelle, 1840.

Nous avons mis en regard, dans ces deux citations, le noir le plus foncé et le blanc le plus éclatant. Nous ne voulons pas dire qu'il n'y ait eu quelquefois, avant 1830, un mélange plus ou moins grisâtre de ces deux genres d'instruction religieuse: mais nous croyons devoir appeler l'attention de tous ceux qui veulent la gloire et la prospérité de la France sur la nécessité mille fois urgente d'insister pour que tout le clergé français permette aux familles françaises la lecture de l'Écriture sainte, et que ces instructions se rapprochent graduellement de celle des Pères de l'Église primitive. De cette manière Rome parlera comme les Apôtres et comme Jésus Christ lui-même, et alors l'infaillibilité du pape sera reconnue sans difficulté par la communion catholique, apostolique et non romaine, dite réformée.

tions qui enfantèrent d'abord la philosophie, ensuite l'athéisme, puis enfin notre sanguinaire anarchie de 93. Napoléon a relevé les autels ; mais s'est-il occupé de réformer les abus monstrueux de ce pouvoir gigantesque, qui, tantôt salutaire, tantôt nuisible, interroge dans l'ombre le secret des cœurs? Si, en lui rendant son indépendance, Napoléon eût exigé de lui les lumières et la chaleur apostoliques des Pères de la primitive Église, s'il eût ouvert de force cette main roidie par la superstition et par l'égoïsme pour en faire sortir comme aujourd'hui le livre de nos espérances, Napoléon eût été un grand homme d'état.

Cette gloire était réservée à la révolution de juillet et au monarque loyal qui gouverne aujourd'hui la France ; non content de protéger les autels et de les orner de tous les trésors de la tolérance, il a voulu qu'ils fussent éclairés par la lumière divine des livres sacrés. De cette position toute militaire dont il s'est rendu maître sans bruit va dépendre le sort de la grande bataille livrée depuis si longtemps en France par l'esprit de ténèbres contre le génie de la civilisation. Le monarque élu par notre patrie a porté ses regards pénétrants sur cette vaste plaie qui tient le corps français étendu sur un lit de douleur ; il a su par le choix des évêques rester fidèle aux intérêts de l'Église romaine, et défendu en même temps les intérêts de sa grande famille en exigeant que les idées de Montesquieu prissent un corps, c'est-à-dire que l'Évangile parût enfin dans les mains du clergé. A la nuit sombre de la superstition et de l'athéisme va succéder l'aurore d'un beau jour ; les familles françaises la salueront par des chants d'allégresse et de reconnaissance.

La conscience des familles ne pourra être alarmée de ces

innovations importantes qu'une partie du clergé français moderne a lui-même demandées, en prenant pour guide les Pères de l'Église primitive. Les lois chrétiennes, ces filles du Ciel, vont reparaître telles que les ont enseignées les apôtres : grâce à l'irrésistible pouvoir d'une opinion libre, la lumière du christianisme va féconder enfin le sol de la patrie ; et avec le concours efficace du peuple français, la partie éclairée du clergé, naguère opprimée par l'autre, va maintenant être fortifiée par un peuple intelligent, avide de gloire civile, parce que c'est la seule qu'on ait osé lui contester ; une fois qu'il aura compris toute l'importance de sa mission, il dirigera ses yeux pénétrants et sa voix souveraine au secours de la religion naguère opprimée, et demandera qu'elle se montre désormais parée de la simplicité savante qui doit former l'esprit public ; les Pères de la primitive Église vont renaître au milieu de nous ; le plus intelligent patriotisme qui puisse être jamais éveillera une foule d'idées grandes et utiles. Cette lumière vivifiante, aussitôt qu'elle va paraître, bannira des transactions de toute espèce cet ignoble esprit de tricherie et d'escamotage qui ruine la confiance, qui déshonore aussi bien la diplomatie d'un ministère que la boutique d'un petit marchand. On verra diminuer peu à peu et enfin disparaître ces fléaux de toute espèce qui plongent dans l'abrutissement et dans le désordre des milliers de familles ; on ne verra plus le luxe marié à la misère venir s'asseoir comme aujourd'hui dans la masure indigente, dans l'obscure échoppe de nos artisans ; on ne verra plus l'orgueil et l'envie briser toutes les amitiés, tous les liens de parenté, de voisinage, allumer la haine et attiser la malveillance ; on ne verra plus enfin l'égoïsme promener partout ses regards dévastateurs, soufflant la discorde et desséchant à la fois toutes les sources de l'existence et du bonheur des sociétés ; ces maux affreux qui déchirent les entrailles d'une société malade vont disparaître à la lumière vivifiante et féconde du christianisme ; c'est donc vers cet astre lui seul que doivent aujourd'hui se tourner tous nos regards, toutes nos espérances.

Si les principes que nous venons de poser d'après Montesquieu et les publicistes les plus instruits des nations modernes sont adoptés par le peuple français, la révolution de juillet est complétement justifiée aux yeux des autres partis politiques de la France et des nations étrangères ; le réveil religieux qui se manifeste aujourd'hui dans notre patrie est dû aux améliorations que le clergé, grâce à notre liberté naissante, a pu introduire enfin dans l'enseignement religieux en permettant la lecture des livres sacrés. Là est le plus sûr garant de l'avenir prospère et de la longue durée de nos institutions libérales.

Mais il faut, on le répète, que les efforts du ministère soient soutenus par l'action énergique du peuple et de l'opinion publique, car le peuple lui seul peut aujourd'hui, à l'aide de la puissance paternelle, allumer auprès du foyer domestique l'esprit de sagesse qui respire dans les pages du code suprême.

Lisez, disait l'évêque Augustin à un seigneur dont il voulait diriger l'instruction religieuse, *lisez particulièrement les écrits des apôtres*. Si le prêtre ne comprend pas saint Augustin, la puissance paternelle doit venir à son secours, et insister pour que l'esprit du saint évêque d'Hippone anime aujourd'hui les curés français. Le Briarée populaire doit demander avec urbanité et au nom des anciens Pères de l'Église que les apôtres ressuscitent au milieu de nous ; que leur voix amie de l'humanité, si révérée autrefois des païens, soit écoutée avec respect, avec amour, au sein des familles françaises, afin d'en bannir autant que possible, par l'éducation des enfants, l'esprit de larcin, de meurtre, d'adultère, de médisance, d'orgueil et d'envie, qui sillonne si tristement aujourd'hui la société philosophique de tous les pays, et qui en fait une vaste arène où les vices les plus ignobles marchent la tête levée au milieu des conditions les plus pauvres et les plus ignorantes.

L'argus Briarée doit employer toute sa vigilance, toutes ses forces, pour ramener Rome toute entière à saint Augustin et aux vénérables Pères de l'Église primitive, et cela sans rien changer aux communions des familles. Le peuple doit épurer l'Église romaine de ces noires et ridicules superstitions qui défigurent, qui chargent d'oripeaux une beauté dont les formes sont parfaites; la France, de concert avec l'Espagne, va ramener Rome de ses égarements, et raffermir ainsi l'autorité pontificale au lieu de l'ébranler : telle est la victoire que la France doit la première remporter aux yeux de l'Europe attentive; elle va se venger des injures de ses ennemis, en leur montrant qu'elle sait aussi cueillir les lauriers de la gloire civile, comme elle a su moissonner si longtemps ceux de la guerre étrangère dans des expéditions souvent inutiles, qui ont montré peut-être son étourderie, sa légèreté, mais qui attesteront en même temps sa puissance, sa grandeur, et qui font pressentir ce qu'elle va bientôt faire lorsque la sagesse divine, marchant devant elle, animera l'esprit public.

Si la puissance paternelle ne vient pas au secours du gouvernement pour allumer dans le cœur des enfants les nobles sentiments qu'inspire l'Écriture sainte, le peuple français déserte la cause honorable de la liberté qu'il a défendue depuis cinquante ans ; à lui seul appartient aujourd'hui plus que jamais le soin de gouverner les mœurs privées dans les familles, et de les garantir du choc destructeur de la philosophie et de la superstition ; il faut que dix millions de bras viennent soutenir en France la liberté qui chancelle, prête à s'évanouir au milieu des miasmes pestilentiels qu'engendre l'idéologie philosophique, mère de l'athéisme; il le faut, ou la cause de la liberté est encore une fois perdue. Les peuples, quelque braves qu'ils soient, lorsqu'ils sont livrés à cette intempérance, à ce dérèglement d'idées, que l'apôtre des gentils appelle un esprit dépourvu de tout jugement, ne sachant pas se conduire eux-mêmes, sont déclarés mineurs, et mis en tutelle sous une main de fer; ils avouent eux-mêmes qu'ils ne méritent pas encore la liberté.

Si la France abandonnait le chef qu'elle a choisi, si elle faisait la faute irréparable de se séparer de lui dans la tâche pénible du gouvernement, cette France ingrate ne pourrait accuser qu'elle seule de ses malheurs ; et si un jour nos lois sont encore une fois noyées dans le sang français par des entrepreneurs de révolution ou par des brouillons idéologues, les ministres du roi pourront dire à tous les pères et à toutes les mères de famille de la communion romaine : « Vous nous avez » retiré votre appui lorsque vous deviez nous l'offrir ; vous » avez déserté le plus sacré de vos devoirs, celui d'ouvrir » devant vos enfants les instructions souveraines qui seules » pouvaient les guider dans la carrière de la liberté constitu- » tionnelle ; n'accusez que vous seuls des maux qui vous acca- » blent : nous avions obtenu pour vous la permission, l'exhor- » tation de lire dans le sein de vos familles les divines Écritures;

» nous avions nettoyé les autels des superstitions grossières » qui vous avaient effarouchés, et vous les avez encore une » fois désertés; vous êtes restés muets, immobiles, indiffé- » rents, en présence des trésors que vos évêques vous offraient » eux-mêmes; ils vous disaient de lire sous leur direction » paternelle les divines Écritures, et vous en avez détourné » les yeux; vous avez refusé de les faire connaître à vos enfants. » Vous rendrez bientôt à Dieu lui-même un compte fidèle et » sévère de cette coupable indifférence qui afflige la société » de mille plaies; oui, si vous êtes aujourd'hui en proie à la » guerre civile, à l'anarchie, à la misère, à toutes les passions » déréglées qui s'abreuvent de sang et de larmes; si les » chaînes du despotisme chargent encore une fois les bras de » vos enfants; si vous travaillez pour le service privé d'un » homme ou d'un club, ou d'une société secrète, ou d'une » cotterie, ou d'une nation étrangère, c'est parce que vous » avez foulé aux pieds les commandements éternels que Dieu » lui-même a dictés aux nations de la terre. »

Telle pourrait être la défense des ministres du gouvernement de juillet, si un jour la France avait l'injustice de les accuser d'impéritie en ce qui concerne l'administration des cultes.

Mais si l'intérieur des familles françaises est, à l'aide de la puissance paternelle, bientôt éclairé par la lumière divine des Écritures, le volcan révolutionnaire est pour toujours éteint, et l'Europe étonnée admirera encore une fois la grandeur de notre patrie.

Il était nécessaire que la liberté de juillet parût d'abord pour que l'on pût prêter main-forte à la partie vertueuse et savante du clergé français, afin de l'aider à lutter contre la partie rebelle et ignorante de ce vaste corps. Grâce à la révolution de juillet, les nuages que la superstition avait amoncelés depuis si longtemps autour des autels commencent à s'éclaircir ; il fallait que, sans alarmer la conscience des fidèles attachés à la communion romaine, on obtînt du clergé qu'il fît briller devant les familles la lumière divine des Ecritures. Cette lutte importante est non pas terminée, mais seulement commencée ; la générosité intelligente du caractère français permet d'espérer que la lumière de la vérité triomphera enfin des ténèbres de l'erreur. Grâce à nos institutions libérales, l'avenir de la France ne dépend plus que de quelques années de paix intérieure, et si nous savons résister aux manœuvres cachées de l'égoïsme, nos belles institutions de juillet n'auront plus à craindre les ouragans de la guerre civile et de l'anarchie ; elles s'enracineront dans le sol français, et seront pendant plusieurs siècles la gloire de notre patrie.

Il est vrai qu'on peut accuser notre liberté naissante d'avoir produit des livres impurs, des drames corrupteurs, d'ignobles comédies; mais ces déjections de la presse sont comparables à celles que produisent ces drastiques salutaires qui ramènent l'homme malade à la santé ; les livres impurs, semblables à ces nuées de sauterelles qui obscurcissent l'air, et qui détruisent pendant quelques années la verdure des champs, passent et ne reviennent plus ; les bons livres demeurent ; les mauvais livres sont rejetés avec dégoût aussitôt que la religion se lève : le matérialisme les a produits ; le christianisme saura les anéantir.

Nous concluons des citations et du rapprochement que nous venons de faire plus haut entre les instructions religieuses qui ont précédé et celles qui ont suivi notre révolution de juillet, que la liberté qui honore aujourd'hui notre patrie, et qui est peut-être trop étendue pour quelques années encore, vu l'état peu avancé de nos idées religieuses, a déjà doté la France d'un clergé catholique bien supérieur à celui de 1830. *Demandez à l'ombre de Montesquieu ce qu'elle pense de cette victoire.*

Pour donner un quatrième exemple de la puissance des méthodes qui appuient leurs jugements sur des faits, nous proposerons cette nouvelle question : L'homme a-t-il eu quelquefois la faculté de lire dans l'avenir à travers plusieurs siècles ; ou en d'autres termes, les prophéties dont les juifs tiennent entre leurs mains les feuilles authentiques ont-elles été accomplies ?

Afin de rassembler des faits, lisons d'abord la description des lieux qui sont cités par les écrivains sacrés ; transportons-nous, s'il le faut, dans la Syrie et dans l'Égypte, ou, ce qui revient au même, nommons une commission impartiale pour aller vérifier sur les lieux mêmes les assertions des historiens modernes qui en ont parlé : si l'état actuel des lieux est fidèlement décrit, nous pourrons l'opposer à celui qui nous fut annoncé de la bouche même des prophètes, et il résultera de l'observation et de l'expérience, que l'homme a reçu quelquefois la faculté de lire dans l'avenir à travers vingt-six ou trente siècles. Cette vérité sera démontrée comme le sont aujourd'hui toutes celles de nos sciences physico-mathématiques.

Nous choisirons de préférence les détails que nous a donnés sur cette terre célèbre l'incrédule Volney, qui, certes, n'a pas cherché les intérêts du christianisme dans la description qu'il nous a laissée des lieux où furent autrefois tant de villes célèbres et florissantes. Conformément à la méthode que nous avons adoptée, nous rapporterons d'abord les faits rassemblés par Volney, et nous mettrons en regard les prophéties. Ce parallèle permettra de bien juger de leur conformité, et la conclusion importante que nous cherchons sortira immédiatement de ce parallèle. Nous empruntons les éléments de ce travail à une petite brochure déjà imprimée : l'importance du sujet nous décide à donner un peu d'étendue à cette citation.

FAITS RAPPORTÉS PAR VOLNEY.	PROPHÉTIES.
Depuis 2,500 ans l'on peut compter dix invasions qui ont introduit et fait succéder des peuples étrangers (*Voy. en Syrie*, chap. XXII).	Les étrangers dévoreront en votre présence votre pays, et cette désolation sera comme une ruine faite par des étrangers (Es. I, 7).
L'an 622 (636) les tribus de l'Arabie, rassemblées sous l'étendard de Mahomet, vinrent la posséder ou plutôt la dévaster. Depuis ce temps, déchirée par les guerres civiles des Fatmites et des Ommiades, soustraite aux kalifes par leurs lieutenants rebelles, ravie à ceux-ci par les milices turkmanes, disputée par les Européens croisés, reprise par les Mamlouks d'Égypte, ravagée par Tamerlan et ses Tartares, elle est enfin restée aux mains des Turcs Ottomans (*Ibid.*, p. 352).	Une ruine est appelée par l'autre ; car toute la terre est détruite (Jérémie, c. IV, v. 20). Et je la livrerai au pillage dans la main des étrangers, et en proie aux méchants de la terre, qui la profaneront (Ézéchiel, VII, 21) ; et je ferai venir les plus méchants des nations qui posséderont leurs maisons (VII, 24). Il viendra malheur sur malheur (II, 26). Jérusalem sera foulée par les nations, jusqu'à ce que les temps des nations soient accomplis (Luc, XXI, 24).
Dans l'intérieur, il n'y a ni grandes routes, ni canaux, pas même de ponts, etc. — Les chemins dans les montagnes sont très-pénibles. — Il est remarquable que dans toute la Syrie l'on ne voit pas un chariot ni une charrette (*Ib.* ch. XXXVIII).	Vos chemins seront déserts (Lév. XXVI, 22).
Il n'y a, de ville à ville, ni poste ni messagerie. — Personne ne voyage seul, vu le peu de sûreté habituelle des routes. Il faut attendre que plusieurs voyageurs veuillent aller au même endroit,	Les passants ne passent plus par les sentiers (Es. XXXIII, 8).

FAITS RAPPORTÉS PAR VOLNEY	PROPHÉTIES
ou profiter du passage de quelque grand qui se fait protecteur et souvent oppresseur de la caravane (*Ib.*).	
Ces précautions sont surtout nécessaires dans les pays ouverts aux Arabes, tels que la Palestine et toute la frontière du désert (*Ibid.*).	Les destructeurs sont venus sur tous les lieux élevés du désert (Jér. XII, 12).
La somme annuelle que la Syrie verse au *kazné* ou *trésor* du sultan se monte à 2,345 bourses, savoir : Pour Alep, 800 bourses. Pour Tripoli, 750 Pour Damas, 45 Pour Acre, 750 Et pour la Palestine, 6 Total. . . . . 2,345 qui font 2,931,250 livres de notre monnaie (*Ibid.* ch. XXXII).	Vous serez frustrés de vos revenus (Jérém. XII, 13).
Le marchand vit dans des alarmes perpétuelles, etc. — La même crainte règne dans les villages, où chaque paysan redoute d'exciter l'envie de ses égaux, et la cupidité de l'aga et des gens de guerre (*Ibid.*).	Ainsi a dit le Seigneur Éternel touchant les habitants de Jérusalem qui sont au pays d'Israël : Ils mangeront leur pain avec chagrin, et boiront leur eau avec étonnement, parce que le pays sera désolé, étant privé de son abondance, à cause de l'iniquité (la violence) de tous ceux qui y habitent (Ézéch. XII, 19).
La condition des paysans doit être misérable. Partout ils sont réduits au petit pain plat d'orge ou de doura, aux oignons, aux lentilles et à l'eau. — L'art de la culture est dans un état déplorable. — L'on ne sème qu'autant qu'il faut pour vivre (*Ib.* c. XXXVII et XXXVIII).	
La corruption est habituelle, générale (*Ibid.*, ch. XXXIV).	Le pays a été profané par ses habitants (Es. XXIV, 5).
Toute leur musique est vocale; ils ne connaissent ni n'estiment l'exécution des instruments (*Ibid.* ch. XXXIX).	La joie des tambours a cessé; la joie de la harpe a cessé (*Ib.* 8).
Leur expression est accompagnée de soupirs, etc. On peut dire qu'ils excellent dans le genre mélancolique (*Ibid.*).	Tous ceux qui avaient le cœur joyeux soupirent (*Ibid.* 7).
La bonne chère attirerait une	On ne boira plus de vin avec

FAITS RAPPORTÉS PAR VOLNEY.	PROPHÉTIES.
avanie, et le vin une punition corporelle (*Ibid.* ch. XL).	des chansons (Es. XXIV, 9).
C'est leur air grave et flegmatique dans tout ce qu'ils font et dans tout ce qu'ils disent. Au lieu de ce visage ouvert et gai que chez nous l'on porte ou l'on affecte, ils ont un visage sérieux, austère et mélancolique ; rarement ils rient ; et l'enjouement de nos Français leur paraît un accès de délire (*Ibid.*).	Le bruit de ceux qui s'égayent est fini. — Toute la joie est tournée en obscurité : l'allégresse du pays s'en est allée (*Ibid.* 8, 11).
Le gouvernement des Turcs en Syrie est un pur despotisme militaire, c'est-à-dire que la foule des habitants y est soumise aux volontés d'une faction d'hommes armés qui disposent de tout selon leur intérêt et leur gré (*Ibid.* ch. XXXIII).	Ses habitants ont été mis en désolation (*Ibid.* 6).
On a droit de s'étonner d'un rapport si faible dans un pays aussi excellent ; mais l'on s'étonnera davantage, si l'on compare à cet état la population des temps anciens (*Ibid.* ch. XXXII).	Je désolerai ce pays, tellement que vos ennemis qui s'y établiront s'en étonneront (Lév. XXVI, 32). Quiconque passera par là en sera étonné (Jér. XVIII, 16).
L'aspect d'un lieu où l'ennemi et le feu viennent de passer est précisément celui du village de Loudd, jadis Lydda et Diospolis. —Cette ville (Arimathia) est presque aussi ruinée que Loudd même (ch. XXXI).	Vos villes sont en feu (Es. I, 7).
A chaque pas l'on y rencontre des ruines de tours, de donjons, de châteaux avec des fossés : — ils sont abandonnés aux hiboux et aux scorpions (*Ibid.*).	Les forteresses seront autant de cavernes à toujours (Es. XXXII, 14). La ville forte sera désolée ; la maison de plaisance sera abandonnée, et quittée comme un désert (*Ibid.* XXVII, 10).
Au delà (de Jafa), la campagne était remplie d'oliviers grands comme des noyers ; mais les Mamlouks ayant tout coupé, pour le plaisir de couper, ou pour se chauffer, Jafa a perdu la plupart de ses avantages. La campagne aux environs (d'A-	Quand son branchage sera sec, il sera brisé, et les femmes y venant en allumeront du feu ;

FAITS RAPPORTÉS PAR VOLNEY.	PROPHÉTIES.
rimathia) est plantée d'oliviers superbes; mais journellement ils dépérissent par vétusté, par les ravages publics, et même par des délits secrets (*Ibid.*).	
Un peuple où les arts les plus simples sont dans la barbarie, où les sciences sont entièrement inconnues. La barbarie est complète dans la Syrie (*Ibid.*, ch. XXXIX). L'on peut dire qu'il n'existe aucune instruction (*Ibid.*).	Car ce peuple n'a pas d'intelligence (*Ibid.*).
Les Turkmans, les Kourdes et les Bédouins n'ont pas de demeures fixes; mais ils errent sans cesse avec leurs tentes et leurs troupeaux, etc. Les Arabes campent sur toute la frontière de la Syrie adjacente à leurs déserts, et même dans les plaines de l'intérieur, telles que celles de Palestine, de Bequâà et de Galilée (*Voyage en Syrie*, c. XXII). Des peuples pasteurs ou errants de la Syrie (*Titre* du ch. XXIII).	« Plusieurs pasteurs ont gâté ma vigne; ils ont foulé mon partage. » (Jérém. XII, 10.)
J'ai visité les lieux qui furent le théâtre de tant de splendeur, et je n'ai vu qu'abandon et que solitude (*Les Ruines*, c. II.)	Ils ont réduit mon partage désirable en une solitude déserte (Jér., XII 10).
Ce n'est plus que solitude et stérilité (*Ibid.*). J'ai cherché les anciens peuples et leurs ouvrages, et je n'en ai vu que la trace, semblable à celle que le pied du passant laisse sur la poussière (*Ibid.*).	Toute la terre ne sera que désolation; Toutefois je ne la détruirai pas entièrement (Jér. IV, 27). — Il arrivera en ce jour-là que la gloire des enfants de Jacob sera diminuée. — Car il arrivera au milieu du pays et parmi les peuples, comme quand on secoue l'olivier et quand on grappille, après avoir achevé de vendanger (Es. XVII, 4; XXIV, 13).
L'homme sème dans l'angoisse, et ne recueille que des larmes et des soucis;	Ils ont semé du froment, et ils moissonneront des épines; ils se sont peinés, et ils n'y profiteront rien (Jérémie, XII, 13).
La guerre, la famine, la peste, l'assaillent tour à tour (*Ibid.*).	Il n'y a point de paix pour qui que ce soit (*Ibid.* 12).

FAITS RAPPORTÉS PAR VOLNEY.	PROPHÉTIES.
La terre ne produit que des ronces et des absinthes (*Ibid.*).	Les épines et les ronces monteront sur la terre de mon peuple (Es. XXXII, 13).
Les temples se sont écroulés.	Je détruirai vos hauts lieux, je ruinerai vos tabernacles. — Je désolerai vos sanctuaires (Lévit. XXVI, 30, 31).
Les palais sont renversés,	Ce palais va être renversé (Es. XXXII, 14).
Les ports sont comblés,	Je ferai périr le reste de leurs ports de mer (Ezéch. XXV, 16).
Les villes sont détruites, et la terre nue d'habitants (ch. II).	Je réduirai aussi vos villes en désert (Lévit. XXVI, 31). J'ai regardé, et voici toutes ses villes ont été ruinées (Jér. IV, 26). Les villes sont abandonnées, et personne n'y habite (*Ibid.* 29).
Chaque jour je trouvais des villages déserts (*Les Ruines*, ch. I). Si l'on parcourt cette plaine jusqu'à Gaza, on rencontre, d'espace en espace, quelques villages mal bâtis en terre sèche, qui, comme leurs habitants, portent l'empreinte de la pauvreté et de la misère. Ces maisons, vues de près, sont des huttes, tantôt isolées, et tantôt rangées en forme de cellules, autour d'une cour fermée par un mur de terre. Dans l'hiver, l'appartement habité est celui même des bestiaux, etc. (*Voyage*, ch. XXXI).	Les villes peuplées seront désertes (Ezéc. XII, 20). Canaan, qui est le pays des Philistins, je te détruirai tellement que personne n'y habitera. Et la contrée maritime ne sera que cabanes, que loges de bergers et parcs de brebis (Soph., II 5, 6).
La foule des habitants y est soumise aux volontés d'une faction d'hommes armés qui disposent de tout selon leur intérêt et leur gré. Lorsque les Ottomans enlevèrent la Syrie aux Mamelouks, ils ne la regardèrent que comme la dépouille d'un ennemi vaincu, etc. (*Voyage en Syrie*, ch. XXXIII, § 1). La Porte n'en rendant jamais rien au peuple qu'il a pillé donne à penser qu'elle n'improuve pas un pillage dont elle profite (*Ib.*, *id.*).	Et je l'ai livrée en pillage dans la main des étrangers, et en proie aux méchants de la terre qui la profaneront. Les saccageurs y entreront, et la profaneront (Ezéch. VII, 21, 22).

FAITS RAPPORTÉS PAR VOLNEY.	PROPHÉTIES.
Ce pays (l'Idumée) n'a été visité par aucun voyageur. Cependant il méritait de l'être (*Voyage*, ch. XXXI).	Il n'y aura personne qui passe par elle (l'Idumée) à jamais (Es. XXXIV, 10).
Car d'après ce que j'ai ouï dire aux Arabes de Bakir et aux gens de Gaze qui vont à Mâân et Karak, sur la route des Pèlerins, il y a au sud-est du lac Asphaltite, dans un espace de trois journées, plus de trente villes ruinées, absolument désertes. Ce fut là le pays des Iduméens, qui, dans le dernier siècle de Jérusalem, étaient presque aussi nombreux que les Juifs (*Ib.*).	Elle sera désolée de génération en génération (*Ib.*). Toutes ses villes seront réduites en déserts perpétuels (Jér. XLIX, 13). L'Idumée sera réduite en désolation, tellement que quiconque passera près d'elle en sera étonné. Il n'y demeurera personne, a dit l'Éternel, et aucun fils de l'homme n'y séjournera (Jérémie, XLIX, 17, 18). Je réduirai les villes en désert, et tu ne seras que désolation, et tu connaîtras que je suis l'Éternel (Ez. XXXV, 4).
L'on peut lui reprocher, comme à la plupart des pays chauds, de manquer de cette verdure fraîche et animée qui fait l'ornement presque éternel de nos contrées ; l'on n'y voit point ces riants tapis d'herbes et de fleurs qu'étalent nos prairies de Normandie et de Flandre. — La terre, en Syrie, a presque toujours un aspect poudreux. Peut-être, si la main de l'homme n'eût pas ravagé ces campagnes, seraient-elles ombragées de forêts (ch. XXXII, § 1).	Jusques à quand la terre mènera-t-elle deuil, et l'herbe de tous les champs séchera-t-elle, à cause de la malice de ses habitants (Jér. XII, 4)?
Plusieurs d'entre elles ont de grands édifices avec des colonnes qui ont pu être des temples anciens, ou tout au moins des églises grecques. Les Arabes s'en servent quelquefois pour parquer leurs troupeaux ; mais le plus souvent ils les évitent, à cause des énormes scorpions qui y abondent (*Ib.*).	Les épines croîtront dans ses palais, les chardons et les buissons dans ses forteresses, et elle sera le repaire des dragons et le parvis des chats-huants (Es. XXXIV, 13).
Où sont ces flottes de Tyr, ces chantiers d'Arad, ces ateliers de Sidon, et cette multitude de matelots, de pilotes, de marchands, de soldats? Et ces laboureurs et ces maisons, et ces troupeaux, et toute cette création d'être vivants dont	Tes richesses, Tyr, et tes foires, ton commerce, tes mariniers, tes pilotes, ceux qui réparaient tes brèches, et ceux qui avaient le soin de ton commerce, tous tes gens de guerre qui étaient au-dedans de toi, et toute la multitude

FAITS RAPPORTÉS PAR VOLNEY.	PROPHÉTIES.
s'enorgueillissait la face de la terre (*Les Ruines*, ch. II)?	qui est au milieu de toi, tomberont au milieu de la mer, au jour de ta ruine (Ezéc. XXVII, 27).
Toute la population du village consiste en cinquante à soixante pauvres familles qui vivent obscurément de quelques cultures de grain, et d'un peu de pêche (*Voyage*, ch. XXIX).	Je la rendrai (Tyr) semblable à une pierre sèche. Elle servira à étendre les filets au milieu de la mer (Ez. XXVI, 4, 5).
Je l'ai parcourue cette terre ravagée! Grand Dieu! d'où viennent d'aussi funestes révolutions? Par quels motifs la fortune de ces contrées a-t-elle si fort changé? Pourquoi tant de villes se sont-elles détruites? Pourquoi cette ancienne population ne s'est elle point reproduite et perpétuée? Pourquoi ces terres sont-elles privées des bienfaits anciens (*Voyage en Syrie*, ch. II)?	Et les étrangers qui viendront d'un pays éloigné, quand ils verront les plaies de ce pays et les maladies dont l'Éternel l'affligera, et même toutes les nations diront : Pourquoi l'Éternel a-t-il ainsi traité ce pays? quelle est la cause de l'ardeur de cette grande colère? (Deut. XXIX, 22-24).
Un Dieu mystérieux exerce ses jugements incompréhensibles! Sans doute il a porté contre cette terre un anathème secret. — En quoi consistent ces anathèmes célestes sur ces contrées? Où est cette malédiction divine qui perpétue l'abandon de ces campagnes (*Ib.*)?	C'est pourquoi la colère de l'Éternel s'est embrasée contre ce pays, pour faire venir sur lui toutes les malédictions écrites dans ce livre (*Ib.* 27). Le pays a été profané par ses habitants, parce qu'ils ont transgressé les lois; ils ont changé les ordonnances et ont violé l'alliance éternelle (Es. XXIV, 5).
Les ruines de marbre blanc que l'on trouve à Gaza prouvent que jadis elle fut le séjour du luxe et de l'opulence. — Elle n'est plus qu'un bourg sans défense, etc. (*Voyage*, ch. XXXI).	Gaza sera abandonnée (Amos, I, 6). Il n'y aura plus de roi à Gaza (Soph. II, 4). Gaza est devenue chauve (Jér. XLVII, 5).
Des ruines désertes d'Askelon (*Voyage*, *ibid.*).	Askelon ne dit plus mot, avec le reste de la vallée (Jér. X, 5). Askelon sera en désolation (Soph. II, 4). Askelon ne sera habité (Zac. IX, 5).
L'on rencontre successivement diverses ruines, dont la plus considérable est Ezdoud, célèbre en ce moment par ses scorpions (*Ib.*).	J'exterminerai d'Ashod ses habitants (Amos, I, 8).

FAITS RAPPORTÉS PAR VOLNEY.	PROPHÉTIES.
Tout le reste du pays est désert (*Ib.*).	Le reste des Philistins périra (Amos, I, 8).
Je dénombrerai les royaumes de Damas et de l'Idumée, de Jérusalem et de Samarie, et les états belliqueux des Philistins, et les républiques commerçantes de la Phénicie. Cette Syrie, me disais-je, aujourd'hui presque dépeuplée, comptait alors cent villes puissantes. Ses campagnes étaient couvertes de villages, de bourgs et de hameaux. De toutes parts l'on ne voyait que champs cultivés, que chemins fréquentés, qu'habitations pressées..... Ah! que sont devenus ces âges d'abondance et de vie? que sont devenues tant de brillantes créations de la main de l'homme (*Les Ruines*, ch. II)?	Il n'y aura point de royaume à Damas ni dans le reste de la Syrie (Es. XVII, 3). Il n'y aura plus là (dans l'Idumée) de royaume, et tous ses gouverneurs seront réduits à rien (Es. XXXIV, 12). Je ferai cesser le royaume de la maison d'Israël (Osée, I, 4). Le roi de Samarie sera retranché, comme l'écume qui est au-dessus de l'eau (Osée, X, 7). Samarie sera désolée (*Ib.* XIII, 16). Je retrancherai l'orgueil des Philistins (Zach. IX, 6).
Parmi les rocailles se présentent les restes peu magnifiques des cèdres si vantés (*Voyage*, ch. XX, § 2). Il n'y a plus que quatre ou cinq de ces arbres qui aient quelque apparence (*Ib. note*).	Le Liban est sec et coupé (Es. XXXIII, 9). Le cèdre est tombé; la forêt qui était comme une place forte a été coupée (Zach. XI, 2). Le reste des arbres de sa forêt seront si aisés à compter qu'un enfant les mettrait bien en écrit (Ez. X, 19).
Tel est le cas de l'Égypte : enlevée depuis vingt-trois siècles à ses propriétaires naturels, elle a vu s'établir successivement dans son sein des Perses, des Macédoniens, des Romains, des Grecs, des Arabes, des Géorgiens, et enfin cette race de Tartares connus sous le nom de Turcs ottomans (*Voyage*, ch. VI).	Je livrerai le pays (l'Égypte) entre les mains de gens méchants : je désolerai le pays et tout ce qui y est, par la puissance des étrangers; moi, l'Éternel, j'ai parlé (Ez. XXX, 12).

Une prophétie fort remarquable, et dont nos yeux peuvent vérifier tous les jours l'accomplissement, est celle d'Amos, ainsi conçue :

« Je commanderai et je ferai errer la maison d'Israël parmi » toutes les nations, comme on fait promener le grain dans

» un crible sans qu'il en tombe un grain en terre. » (Amos, IX, 9.)

Les juifs que nous voyons aujourd'hui dispersés dans tous les pays du monde sont, d'après la remarque de l'évêque Duvoisin, partout étrangers, sans territoire, sans chef commun, sans juridiction, sans armée; ils se sont conservés parmi les révolutions qui ont tant de fois changé la face des empires, et malgré les persécutions qu'ont excitées contre eux l'intolérance et le fanatisme. Depuis quatre mille ans, le sang d'Abraham coule dans leurs veines, et si ce patriarche revenait sur la terre, il reconnaîtrait sa postérité marquée du sceau distinctif qu'il lui a laissé [1].

L'accomplissement de toutes ces prophéties peut, nous le répétons, être vérifié par les sens, et ne laisse aucune place au doute. Elles ont d'ailleurs été mises en dépôt chez le peuple le moins suspect de les avoir altérées; il les tient encore aujourd'hui sous sa garde; elles ont aussi prédit jusqu'aux moindres circonstances de la vie de Jésus-Christ, de sa mort, de sa résurrection, de la mission des apôtres, de la prédication de l'Evangile, de la conversion des nations. Il suffit d'étudier l'histoire du christianisme pour s'assurer que toutes ces prédictions ont été fidèlement accomplies.

De ces vérifications expérimentales, nous déduisons cette conséquence, que l'homme a reçu quelquefois le don de pénétrer l'avenir à travers un grand nombre de siècles. Cette conséquence résulte de l'observation et de l'expérience; elle est immédiatement jugée par nos sens, d'après la méthode de François Bacon, à laquelle se sont soumis tous nos savants modernes dans les recherches physiques et mathématiques.

[1] Autorité des livres de Moïse, page 3.

NOTE

SUR L'USAGE QU'ON PEUT FAIRE DE LA MÉTHODE D'INDUCTION DES SAVANTS MODERNES POUR JUGER LES DOGMES DU CHRISTIANISME PAR LES EFFETS QU'ILS ONT PRODUITS SUR LES APOTRES.

Si un enfant qui, tout à l'heure, pouvait à peine plier de ses faibles mains une des petites branches d'un chêne robuste, déracinait tout à coup à nos yeux l'arbre lui-même, et qu'il en brisât le tronc noueux en deux parties, peut-être que dans le saisissement de tous nos organes nous dirions d'abord : *Je le vois, mais je ne le crois pas*; cependant, si l'enfant répétait cette expérience devant d'innombrables témoins et pendant plusieurs années de suite, si des sociétés savantes avaient été chargées de constater ce phénomène et d'en dresser d'authentiques procès-verbaux, force serait à ces populations étonnées de se soumettre au despotisme de l'évidence, et aux générations suivantes de fléchir sous le poids de ces témoignages indubitables rendus à des faits accomplis.

Les faits une fois constatés, si l'on en cherche la cause, elle doit être naturelle ou surnaturelle ; or, la force naturelle d'un enfant n'ayant pu opérer ce prodige, la raison appuyée sur l'expérience nous fait une loi d'écarter la première de ces deux hypothèses, et par conséquent d'admettre la seconde.

Un spectacle aussi merveilleux a été offert par les apôtres devant les populations romaines, sous le règne de Tibère et de ses successeurs. Les autels païens que n'avaient pu ébranler les philosophes les plus éclairés de la Grèce et de Rome furent tout à coup comme arrachés de leurs fondements par quelques juifs obscurs qui parcouraient ce formidable empire, chargés du mépris de leurs innombrables adversaires ; ces hommes, qui naguère étaient d'un cœur timide, d'un esprit lourd et borné comme tous ceux de la basse condition à laquelle ils avaient appartenu, devinrent tout à coup des prodiges d'audace et d'intelligence, et ils donnent aujourd'hui aux publicistes les plus renommés de nos temps modernes des leçons que ceux-ci admirent chaque jour davantage, et qu'ils déclarent être seules exemptes d'erreur [1].

La résurrection du Christ n'est pas encore l'événement le plus remarquable du christianisme. Sans doute il dut ébranler vivement toutes les imaginations dans la Palestine ; mais

[1] Le Mémoire qui précède est le développement de cette pensée ; on peut consulter, sur l'opinion qu'on émet ici, les idées de Montesquieu et l'ouvrage tout entier de Vilberforce, intitulé : *Le Christianisme des gens du monde mis en opposition avec le véritable Christianisme.*

combien d'habitants témoins des miracles de Jésus-Christ restèrent enchaînés à leurs erreurs et à leurs vices ! combien résistèrent aux instances passionnées qu'il leur adressait!

Au nombre de ces opiniâtres adversaires du christianisme, on remarque sous le nom de Saül un jeune et ardent persécuteur des chrétiens : le miracle de la résurrection du Christ n'arrête point le cours des ravages qu'il exerce dans l'Église naissante; c'est de lui-même que nous apprenons qu'il donnait sa voix pour faire mourir les saints (Act. XXVI, 10); il assistait à la mort d'Étienne, et ce fut aux pieds de ce jeune et sanguinaire pharisien que furent déposés les vêtements du martyr.

Il nous paraît bien important de remarquer l'inertie des apôtres et l'intolérant fanatisme de saint Paul, jusqu'au jour où ils reçurent spontanément l'influence invisible qu'ils désignent sous le nom de Saint-Esprit. A dater de ce jour, tout change en eux, toutes les passions triviales qui avaient habité jusqu'alors le cœur de ces hommes communs en sont miraculeusement et spontanément chassées pour faire place à tout ce que l'imagination humaine peut concevoir de plus héroïque; mais ce qui est bien plus extraordinaire encore, c'est que leur intelligence est tout à coup éclairée d'une lumière éclatante; à dater de ce jour solennel ils deviennent les instituteurs des nations. Leurs instructions après avoir été étudiées pendant dix-huit siècles sont aujourd'hui plus admirées que jamais, et de l'aveu des plus grands hommes d'État de nos temps modernes, ils ont posé les règles immuables que doivent observer les nations pour vivre fraternellement au milieu d'une paix profonde et inaltérable. Chaque peuple trouve en suivant à la lettre les leçons des apôtres tous les éléments de grandeur, de prospérité, de gloire, que la nature humaine doit désirer; hors de leurs décisions sont des erreurs d'autant plus préjudiciables au bonheur des sociétés qu'elles s'écartent davantage des vérités qu'ils nous ont enseignées.

Mais ces hommes extraordinaires qu'étaient-ils avant de commencer leur ministère? Ouvrons les annales qu'eux-mêmes ils ont adressées à des sociétés nombreuses, ils vont nous dire avec candeur qu'avant ce jour où, réunis par la prière, ils sentirent tout à coup les sublimes émotions de l'amour et de la reconnaissance, ils étaient tous comme les juifs d'aujourd'hui.

Pierre et André jetaient leurs filets dans la mer; Jacques et Jean raccommodaient les leurs lorsqu'ils furent appelés par Jésus-Christ (Matth. IV, 18, 21). Matthieu était assis au lieu du péage et passait ordinairement son temps avec des gens de mauvaise vie (Matth. IX, 9, 10); ils reconnaissent leurs préjugés, leurs folies et leurs fautes pendant le ministère de leur maîtres (Luc, V, 8. — Act. XXII, 4, 5; XXVI, 11. — 1 Tim. 13, 15). Saint Paul avoue qu'il a été blasphémateur et persécuteur des chrétiens, les contraignant eux-mêmes de blasphémer et faisant les plus grands efforts contre le nom de Jésus.

Ils déclarent encore la pesanteur de leur esprit et la lenteur de leur intelligence sous un maître si excellent; ils avouent ne pas comprendre son discours (Marc, IX, 32.—Luc, IX, 45; XVIII, 34). Jésus dit à Pierre : Retire-toi de moi, Satan, tu m'es en scandale, car tu ne comprends pas les choses qui sont de Dieu, mais celles qui sont des hommes (Matth. XVII, 23).

Ils avouent encore leur incrédulité. Pourquoi avez-vous peur de gens de petite foi? leur dit ce bon maître, au moment où ils sont dans une nacelle avec lui (Matth. VIII, 26). Ailleurs il leur fait encore le même reproche au moment où il vient d'opérer un miracle à leurs yeux (Matth. XVII, 20). Il blâme leur incrédulité lorsqu'il se montre à eux pour les convaincre de sa résurrection : O gens dépourvus de sens! leur dit-il, tardifs de cœur à croire toutes les choses que les prophètes ont prononcées (Luc, XXIV, 25). L'un d'eux refuse de croire ses autres compagnons lorsqu'ils lui disent qu'ils ont vu leur maître ; il veut voir et toucher lui-même les marques des clous qui l'ont attaché à la croix, et ce n'est qu'après cette épreuve que ce disciple est vaincu dans son incrédulité (Jean, XX, 24, 27).

Ils avouent qu'au moment où ce maître, qu'ils servirent depuis avec tant de dévouement, était en présence des troupes qui s'apprêtaient à le saisir, tous l'abandonnèrent et s'enfuirent. Pierre le renie par un mensonge en présence d'une servante qui l'interpelle en lui demandant s'il a été avec Jésus le Galiléen ; il le nie encore une fois avec serment en présence d'une autre servante, et ne craint pas de se rendre parjure afin d'éviter le danger ; il va jusqu'à faire des imprécations contre son maître afin que les troupes ne croient pas qu'il est du nombre des apôtres (Matth. XXVI, 56, 74).

Ils sont aussi ambitieux. Deux d'entre eux, Jacques et Jean, demandent à Jésus-Christ des préférences, et leurs compagnons en sont indignés (Matth. XX, 20, 24) ; ils disputent pour savoir qui d'entre eux sera le plus grand (Luc, IX, 46).

Leur zèle est inconsidéré; deux d'entre eux demandent à Jésus-Christ que le feu du ciel consume les Samaritains, et ils sont par lui fortement censurés de leur inconséquence.

Vous ne savez, leur dit-il, de quel esprit vous êtes animés (Luc, IX, 54, 55). Jean, pour avoir empêché un homme de faire un miracle au nom de Jésus-Christ, est encore repris par lui (Marc, IX, 38).

Voilà ce qu'étaient les apôtres avant le jour solennel où ils furent tout à coup régénérés par une puissance invisible ; cette puissance descendit spontanément dans leurs cœurs pour en chasser toutes ces inclinations basses, et dans leur intelligence pour en dissiper les ténèbres. La sanctification du cœur et la lumière soudaine qui éclaira tout à coup leur esprit sont deux faits constatés comme le sont aujourd'hui toutes les observations physiques et astronomiques, c'est-à-dire par d'irrécusables témoignages. La lecture de leurs épîtres nous montre des hommes régénérés et devenus par leurs nobles vertus et par leur vive intelligence hors de proportion avec l'espèce humaine. La lecture des passages qu'on vient de citer nous les montre avant cette régénération tels qu'ils étaient, c'est-à-dire transgresseurs des lois divines, comme les autres peuples de la terre.

Ils reçurent gratuitement cette faveur, qu'assurément ils n'avaient pas méritée. Cette grâce leur fut accordée, et leur vive reconnaissance n'eut point de bornes. Le principe invisible qui sanctifia leur cœur et qui éclaira si vivement leur intelligence fit ce que Dieu n'avait pas fait lui-même, sous une forme visible et palpable, c'est-à-dire en se manifestant aux organes matériels de l'homme ; ce fut seulement lorsque ce Dieu eut quitté la terre que se manifestant au cœur et à l'intelligence des apôtres, il développa en eux cet ardent amour dont ils furent embrasés jusqu'au dernier de leurs jours. Cette faveur inespérée, ils la reçurent au moment où leur foi naissante était en prière; elle les anima d'une espérance, d'une espérance, d'une joie, d'un espoir, d'une confiance qui ne devaient plus les quitter. Voilà des faits dont il faut que l'histoire nous garantisse l'exactitude.

Il semble qu'on simplifierait beaucoup l'étude du christianisme en offrant souvent le parallèle que nous venons d'esquisser des apôtres tels qu'ils étaient en présence de leur maître, et des apôtres tels qu'ils devinrent après la descente de l'esprit qui sanctifia tout à coup ces cœurs jusqu'alors inflexibles, et qui leur fit enfanter ensuite des prodiges que notre bien-aimé Seigneur n'avait pas opérés lui-même ; il montra bien sous une forme humaine sa nature divine, enveloppée d'une chair mortelle ; ses apôtres la touchaient, l'entendaient et la voyaient ; mais ils ne touchaient pas encore sa nature divine du cœur et de l'intelligence. Dieu n'était pas encore descendu dans ces organes essentiels de la vie qui mettent l'homme en rapport avec lui ; il n'était pas encore en eux. Le jeune Saül, dont la rage éclatait sans cesse contre les chrétiens par des persécutions sanglantes, ne fut vaincu ni par les miracles visibles de Jésus-Christ, ni même par l'imposant miracle de sa résurrection ; il demeura inflexible comme le sont encore aujourd'hui tous les juifs qui persévèrent dans leur aveuglement ; il resta enchaîné à ses passions jusqu'au jour où il fut violemment régénéré par cette même puissance invisible qui descendit tout à coup dans son cœur. Saint Paul aussi reçut gratuitement le don céleste qui sanctifia son cœur jusqu'alors rebelle, et qui dissipa ses erreurs. Aussi quelles hymnes d'amour et de reconnaissance il fait entendre dans ses divines instructions ! quel zèle ! sa joie surabonde au milieu de ses tribulations ; sa confiance, son espoir lui font désirer de quitter bientôt cette tente qu'il habite.

Il semble qu'un cours d'histoire qui mettrait en évidence : 1° l'authenticité des Écritures ; 2° les faits historiques touchant la résurrection du Christ ; 3° la régénération opérée dans les apôtres après que Jésus-Christ les eut quittés ; ce cours d'histoire ouvrirait, si l'on ose s'exprimer ainsi, les églises romaines depuis longtemps fermées pour vingt millions de Français ; non pas qu'on puisse dire que vingt millions de Français ne vont jamais assister au spectacle des églises ; mais plusieurs de ces millions n'y portent que leurs yeux et leurs oreilles, et non leur cœur. Or, c'est le cœur que la religion demande. « Mon fils, donne-moi ton cœur. » Voilà ce qu'elle écrit en très-gros caractères dans son livre d'or. A la faveur de ces cours d'histoire, nos pasteurs et nos bons prêtres trouveraient une terre bien préparée où ils pourraient semer leurs instructions.

Cette méthode que nous proposons pourra être suivie par des laïques dans des cours d'histoire, puisqu'elle est toute rationnelle et qu'elle se borne à l'examen attentif des faits historiques ; on pourrait dans ces leçons lire d'abord les versets que nous venons de citer plus haut, afin de montrer le peu qu'étaient les apôtres, même en présence de leur maître, et comparer l'influence qu'il exerça sur eux de son vivant à celle qui après sa mort les régénéra spontanément sous une forme invisible. Cette dernière est regardée par le Christ comme incomparablement plus importante que la précédente, et l'on en peut juger par la déclaration de l'apôtre saint Matthieu (ch. XII, verset 31). Tout blasphème sera pardonné aux hommes, mais le blasphème contre l'esprit ne leur sera point pardonné.

Le verset 32 est encore plus remarquable :

« Si quelqu'un a parlé contre le fils de l'homme, il lui » sera pardonné ; mais si quelqu'un a parlé contre le Saint-» Esprit, il ne lui sera pardonné ni en ce siècle ni en celui » qui est à venir. »

Dieu s'est-il manifesté miraculeusement dans le cœur et dans l'esprit de chacun des apôtres ? Le fait historique de leur régénération ne demande que la discussion des faits consignés dans des mémoires reconnus authentiques par tous les savants qui les ont étudiés avec soin.

Les apôtres ont-ils été sanctifiés et éclairés ? Leurs épîtres nous le disent. Il n'y a là qu'une discussion, c'est celle de la vérité de cette histoire. Ont-ils, comme ils nous l'assurent, accompli les travaux immenses dont ils nous font la description ; ont-ils fondé en moins de vingt-huit ans des sociétés de chrétiens à Rome, à Corinthe, à Éphèse, à Colosses, à Tessalonique, à Philippes, à Laodicée, à Smyrne, à Pergame, à Thyatire, à Sardes, à Philadelphie, en Crête, dans le Pont, la Galatie, la Cappadoce, l'Asie et la Bithynie, et dans beaucoup d'autres lieux ? C'est encore là une question d'histoire. Celui qui dans sa jeunesse avait été le persécuteur des chrétiens a-t-il en effet lui-même écrit ces paroles ?

Je n'oserais dire qu'il y ait quelque chose que Christ n'ait pas fait en moi (Rom. XV, 18, 19). On voit que l'authenticité de l'histoire une fois bien établie, tout devient simple dans l'étude même des dogmes religieux.

Il est temps qu'on tourne l'activité des imaginations françaises vers ce genre d'études. Elle seule peut sauver la France de l'anarchie et de son inséparable ami le despotisme. Il faut que les Français prennent un parti religieux ; qu'ils s'attachent à une communion catholique, apostolique et romaine ou non romaine; mais qu'ils ne restent plus dans l'indifférence. Les tièdes, je les vomirai, dit un des apôtres. Cette observation de l'un de ces grands instituteurs des peuples doit tenir éveillés les magistrats et les hommes qui influent sur l'opinion publique; c'est surtout pour vaincre cette funeste indifférence que les bons prêtres et les bons pasteurs nous sont nécessaires. Quant à l'enseignement de l'histoire, des laïques peuvent s'en charger.

Mais faut-il se reposer seulement sur le clergé romain et sur le ministère évangélique du soin de disperser partout en France les lumières du christianisme? Non assurément. Il faut encore que la nation toute entière, que toutes les familles sans aucune exception, chacune dans la communion qu'elle a choisie d'après sa conscience, fasse un examen très-attentif des documents historiques qui ont rapport à l'authenticité des Écritures; l'homme, quelle que soit sa condition, une fois persuadé de cette authenticité, doit la persuader à son tour à tous ceux de ses compatriotes qu'il trouve dans le rayon de son influence. Rien ne doit être négligé par lui, et s'il exerce un commandement il doit ce service à tous ses subordonnés; ainsi, par exemple, un officier français, lorsqu'il comprend bien les intérêts de son pays et de notre liberté constitutionnelle, doit utiliser les loisirs de ses sous-officiers et de ses soldats, et faire lire devant eux chaque jour, ne fût-ce que pendant un quart d'heure, les livres qui peuvent constater la vérité des faits historiques touchant le christianisme. Je dis plus; ce genre de connaissance devra désormais être exigé pour l'admission dans les services publics.

On dira peut-être : C'est aux prêtres à nous enseigner la

religion ; mais suffiront-ils ? D'ailleurs si l'on envoie des prêtres dans nos casernes, l'armée ne manquera pas de crier qu'on la ramène à la restauration, et elle ne les écoutera point. Comment faire pour réconcilier l'opinion de nos armées avec le clergé romain? Essayons au moins de lever cette difficulté ; si on ne réussit point d'abord, on modifiera les moyens jusqu'à ce qu'on en ait trouvé d'efficaces.

Il faudrait peut-être, en se conformant à l'usage, laisser d'abord parler Tacite, Suétone, Juvénal, Pline, Martial, Epictète, Marc-Aurèle, sur le christianisme, et prendre connaissance de sa dispersion dans l'empire romain peu de temps après son apparition dans la Judée. Il résulte déjà de ces premières lectures qui peuvent être faites en une ou deux séances, 1° que dans l'espace de trente ans à dater de son origine, la religion chrétienne a pénétré jusqu'à Rome et qu'elle y a fait une grande multitude de prosélytes; 2° que le fondateur du christianisme a été mis à mort comme un malfaiteur.

Voilà déjà nos soldats instruits par leurs sous-officiers sur un point d'histoire qui ne peut alarmer les consciences les plus fidèles et les plus timorées : on ne déserte point les autels romains en lisant les auteurs que nous venons de citer ; on trouvera cette matière toute préparée dans l'ouvrage de William Paley [1]. Le sous-officier pourra y joindre, s'il le veut, quelques notes détachées qu'il aura mises par écrit et qu'il lira comme un supplément pour terminer la première ou les deux premières séances.

Afin de n'avoir pas à parler d'abord des livres apostoliques avant d'avoir bien minutieusement discuté leur authenticité, l'officier passerait de la page 90, où sont quelques citations

[1] Pages 44-85.

tirées des premiers Pères de l'Église ; elles seraient l'objet d'une seconde séance ; on verra plus tard si, pour animer ces réunions, on doit y joindre un peu de musique de chant à plusieurs voix. La lettre de Pline toute entière serait lue plusieurs fois ; on n'oublierait pas de faire remarquer qu'elle a été écrite quatre-vingts ans au plus après la mort du fondateur du christianisme ; on pourra y joindre aussi la réponse de l'empereur Trajan.

De ces premières séances d'une heure chacune on verrait déjà sortir plusieurs vérités historiques très-importantes sur le christianisme, savoir : 1° les travaux actifs de son fondateur et de ses associés, attestés par les écrivains païens et par les premiers Pères de l'Église ; 2° le témoignage que ces auteurs rendent aux souffrances des chrétiens contemporains ou successeurs immédiats de cet auguste fondateur, souffrances qui leur avaient été prédites par lui. Les apôtres disaient aux Romains et aux Grecs qu'un simple artisan de la Galilée était annoncé au monde comme un législateur céleste ; qu'un jeune homme né dans l'obscurité d'une vie simple et sans éclat apportait à la terre de bonnes nouvelles, et que sans avoir opéré aucune délivrance en sa faveur, il venait délivrer les familles de l'esprit invisible qui les tenait enchaînées à leurs vices et à leurs superstitions grossières.

Il sera nécessaire qu'une carte de géographie sur une très-grande échelle indique aux soldats, dans nos écoles régimentaires, la marche rapide du christianisme dans les premières années de son apparition. La lettre de Pline annonce que déjà, sous le règne de Trajan, les temples du paganisme étaient presque déserts dans les districts du Pont et de la Bithynie, dont il était le gouverneur.

En suivant cette marche, nous nous abstiendrons de lire d'abord les mémoires historiques et les épîtres des apôtres, et voici l'avantage que nous croyons y trouver, c'est que ces écrits étant d'un style particulier et contenant plusieurs événements miraculeux, il est très-important de ne les présenter à l'esprit de nos soldats qu'après leur avoir donné des instructions qui les disposent favorablement à entendre au moins une partie de cette lecture. Telle est aujourd'hui la prévention des esprits français contre toute instruction chrétienne, qu'il faut avoir égard à l'état maladif des cœurs et des intelligences. Les têtes sont pleines, on dirait presque farcies, de lectures licencieuses, d'images ironiques tirées de Voltaire, qui rendraient la lecture des livres sacrés au moins inutile si on ne la faisait pas précéder de certains documents qui en constatent l'authenticité, et qui montrent le génie surnaturel de ceux qui ont écrit le Nouveau Testament dans ce style étrange.

Après la lecture des passages tirés des auteurs païens dont nous venons de parler plus haut, viendrait celle de l'historien Josèphe, qui écrivit l'histoire des Juifs environ soixante ans après la mort de Jésus-Christ. On pourra faire lire les nombreux passages de cet auteur qui sont d'accord avec les citations tirées de nos livres sacrés ; le chapitre VI de William Paley offre un travail très-bien fait sur ces rapprochements remarquables. Ils disposeront les auditeurs à regarder les mémoires historiques des apôtres et leurs épîtres, comme étant d'une exactitude tout à fait remarquable. On ne les trouve pour ainsi dire jamais dans l'erreur ; pourrait-on en dire autant de beaucoup d'autres historiens?

Ces rapprochements étant difficiles demanderont sans doute un des officiers instruits du régiment ; il serait bien qu'il étudiât d'avance l'histoire de Josèphe pour n'enseigner d'abord à ses sous-officiers que les extraits qu'ils pourront comprendre et qui conduiront à des rapprochements utiles et faciles à saisir. Il pourra donner un peu plus d'étendue à ces rapprochements curieux s'il voit qu'ils sont écoutés avec intérêt. Ce travail exigera plusieurs séances. On aura soin de désigner toujours sur la carte le lieu de la scène où se passent les événements.

Après avoir fait faire dans nos écoles régimentaires, et s'il est possible à tous nos sous-officiers et à tous nos soldats, une étude de ces rapprochements historiques, on fera connaître le témoignage des Pères de l'Église qui, après Pline, nous parlent de l'extension rapide du christianisme ; on trouvera dans William Paley ce travail tout fait, en sorte qu'il ne s'agira que de le faire lire, en le modifiant d'après l'intelligence et le degré d'instruction des auditeurs (chap. IX).

Alors commencera un parallèle que nous regardons comme très-important et qui demandera tous les soins d'un officier instruit ; c'est celui de la lenteur des conversions obtenues par nos missionnaires modernes avec la prodigieuse rapidité des conquêtes que firent les apôtres. Nous insistons beaucoup sur ce parallèle, parce que de là nous nous proposons de tirer une conséquence très-importante. On pourra choisir un autre officier dans chaque régiment pour la rédaction de ce parallèle.

Ce parallèle sera encore l'objet de plusieurs séances. Il doit être en quelque sorte la clef du mystère le plus important du christianisme, celui de la régénération de l'homme et des sociétés ; mais l'officier se bornera aux faits historiques et à présenter seulement le spectacle de la régénération des apôtres comme un fait accompli.

On voit que jusqu'ici on n'est point encore sorti du domaine de l'histoire profane, on n'a pas supposé un seul des miracles du christianisme. On se contente d'exposer des faits bien constatés, tous étranger à la morale, aux doctrines et même aux événements rapportés par les historiens évangélistes ; on n'a fait que mettre en cause quelques-unes de leurs assertions pour confronter leur témoignage avec celui de Josèphe ou des historiens du paganisme, et certes le pharisien Josèphe n'a pas voulu abonder exprès dans le sens de nos historiens sacrés ; ainsi, d'après la marche que nous venons de tracer, on n'est point encore entré dans le domaine des ecclésiastiques ou des ministres catholiques, apostoliques et non romains. On ne fait que se préparer à les entendre et disposer les esprits à repousser l'incrédulité.

Maintenant la scène va changer, les études vont prendre une toute autre direction qui d'abord semblera n'avoir aucun rapport avec les études historiques. Cela fera une diversion à l'ennui que peut-être ces premières notions ont déjà causé. On va passer à l'explication des méthodes que l'on suit aujourd'hui dans les sciences physiques et mathématiques, afin d'appliquer ces méthodes à l'étude de l'histoire et des dogmes du christianisme.

Pour rendre bien sensible l'avantage que nos savants modernes ont su tirer de ces méthodes et pour ennuyer le moins possible nos soldats, on fera devant eux quelques expériences de physique, avec des machines électriques, pneumatiques et autres. L'objet de ces expériences est surtout de fixer l'attention sur la marche que l'on suit aujourd'hui pour arriver à découvrir une théorie, c'est-à-dire un principe qui explique les expériences et les observations. Nous pensons que deux mois au moins sont nécessaires pour donner une idée de cet ingénieux procédé et pour faire bien comprendre dans nos régiments que toute autre marche doit être abandonnée.

Après ces études et lorsqu'on aura bien fait comprendre à toute notre armée que l'observation et l'expérience doivent être toujours mises à l'avant-garde dans toutes les recherches de quelque nature qu'elles soient, on commencera des expériences sur la force de la raison humaine, afin de bien connaître sa portée et de bien s'assurer que nos philosophes ont bâti des châteaux de cartes ou soufflé d'admirables petites bulles colorées dans leurs graves systèmes, et de même que des bulles de savon sont séduisantes pour l'œil, mais que le plus léger souffle les fait spontanément évanouir, de même leurs bulles philosophiques montent quelquefois dans les airs en charmant nos regards, mais elles ne sont que des amusements quelquefois enfantins, souvent très-dangereux.

Viendront ensuite les probabilités historiques ; les faits ordinaires en exigent quelques-unes dont on se contente : lorsque ces faits sont extraordinaires, l'esprit en appelle davantage, mais il doit cependant se borner dans ses prétentions, si le fait de la dispersion du christianisme du temps des apôtres est bien établi et que l'on compare les chiffres qu'ils ont obtenus en vingt-huit ans à ceux que nos missionnaires modernes ont obtenus en deux cents ans. Il sortira de ce parallèle cette conclusion, que les apôtres agissaient avec des moyens qui ont manqué depuis à nos zélés et infatigables missionnaires, qui certes sont plus éclairés que ne l'étaient les pêcheurs du lac de Génézareth.

Ici commence pour nos écoles régimentaires une période de calcul qui aura sa double utilité ; on pourra exercer nos sous-officiers à compter le nombre des probabilités qu'il faut réunir pour que deux jeux de trente-deux cartes chacun présentent le même ordre en mêlant ces cartes au hasard ; pour se faire une idée de ce chiffre monstre, on multipliera les nombres naturels depuis un jusqu'à trente-deux, en faisant comprendre combien d'arrangements divers ces cartes peuvent prendre lorsqu'on les mêle au hasard.

De là on descendra à des probabilités moindres, et l'on fera cependant remarquer que deux dispositions semblables dans des objets distincts démontrent mathématiquement qu'une intelligence a présidé à ces dispositions et que le contraire est une absurdité.

Démontrer à un homme qu'il est dépourvu d'intelligence, c'est lui rendre le service de le ramener aux écrivains sacrés ; c'est lui ôter une de ses idolâtries, et certes ce n'est pas aujourd'hui la moins dangereuse de celles qui tourmentent la France ; il faudra donc insister sur cette importante vérité qui enfle aujourd'hui d'un sot orgueil scientifique les familles philosophiques les plus secondaires et qui les détourne du chemin de la vérité.

On réunira donc autant de preuves qu'on en pourra trouver pour ramener l'orgueil scientifique de ses dangereux égarements.

Souvent on fera remarquer ce que fait la raison avec le secours des méthodes, et ce qu'elle fait sans les méthodes; alors on appréciera toute son indigence et la puissance incalculable des méthodes.

Veut-on voir la faiblesse de la raison dans toute sa nudité? Qu'on remarque non-seulement qu'elle est vaincue par la plus simple difficulté de calcul, mais encore toutes les contradictions de nos philosophes, de nos journalistes, de nos aigles politiques. L'un attache ses convictions à une opinion, l'autre adopte de bonne foi l'opinion contraire.

L'homme de génie peut, à la faveur des méthodes administratives, enfanter chaque année des conscriptions qui s'élancent avec audace jusqu'aux extrémités de l'Europe; chacun des officiers de ses armées peut avoir à son tour l'art de faire bien manœuvrer ceux qu'il commande et leur donner l'exemple des vertus militaires; mais isolez le génie de ces méthodes, qui ne sont pas toujours de son invention, et voyez au jeu d'échecs, qui n'a point de méthode, s'il surpassera sensiblement ceux qui ont joué aussi souvent que lui. Il rentre dans la classe des esprits ordinaires, et redevient comme eux et autant qu'eux sujet à l'erreur.

Il est si important de dissiper les nuages qui obscurcissent les vérités du christianisme, qu'on ne saurait trop s'appliquer à démolir d'abord le trône où l'erreur française se tient orgueilleusement assise, entourée d'une cour nombreuse d'encyclopédistes, de philosophes et d'écrivains de toutes les couleurs.

Après avoir éclairci les épais nuages philosophiques qui obscurcissent la vérité chrétienne, on sentira mieux que jamais la nécessité de revenir à l'examen des faits historiques et de ne point laisser la raison humaine se livrer à ses dérèglements; on essayera par ces moyens divers de ramener nos soldats et nos sous-officiers à cet état de doute que Descartes exigeait impérativement dans la recherche de la vérité.

Une fois qu'on aura démontré la nécessité de s'appuyer sur des faits bien constatés pour avancer dans les sciences et dans l'histoire, on pourra exposer les faits remarqués par Volney dans l'Égypte et dans la Syrie et mettre ces faits en regard des prophéties que nos yeux trouvent accomplies aujourd'hui comme si les prophètes les eussent copiées dans l'ouvrage de Volney.

On pourra commencer à lire aussi un chapitre d'histoire, par exemple celui de Néhémie, dans l'Ancien Testament, ou tout autre semblable, afin de faire apprécier ce qu'on appelle les preuves internes, c'est-à-dire les preuves qui naissent de la manière dont la narration est tissue; le ton, les détails dans lesquels on entre en racontant, suffisent souvent pour porter la conviction dans l'esprit du lecteur, sans qu'il demande aucune autre preuve; il n'y a aucun miracle dans cette histoire ; Néhémie demande à Artaxercès la permission de venir voir la ville de Jérusalem, qu'il trouve en ruines et dont il fait relever les murs. Il est inutile de dire que les lectures doivent être faites avec intelligence.

Maintenant peuvent commencer les lectures qui montrent les milliers de martyrs immolés sous Néron pendant les travaux des apôtres et des premiers Pères de l'Église ; chacun de ces martyrs affirme par ses souffrances la conviction qu'il avait de la résurrection du Christ, c'est-à-dire d'un fait qu'il avait été à même de vérifier, comme nous sommes aujourd'hui à même de nous assurer que tel de nos généraux a commandé dans nos armées, quoique nous ne l'ayons jamais vu.

Heureusement ce grand phénomène est environné d'un cortége de témoignages si nombreux et si indubitables qu'il nous dispense de discuter la vérité des autres miracles. Ceux-ci auraient pu être rayés de l'histoire sans que la marche ascendante du christianisme en fût d'un seul instant retardée.

Mais il existe un fait bien plus important que celui de la résurrection de Jésus-Christ et qui doit initier les fidèles aux principaux dogmes du christianisme. Ce fait résulte de la comparaison du cœur et de l'intelligence des apôtres avant le jour qu'on appelle la Pentecôte, qui suivit de cinquante jours celui de la résurrection de Jésus-Christ ; ils conservent les formes extérieures qu'ils avaient d'abord, mais le cœur et l'intelligence sont régénérés. Cet important miracle résulte heureusement des faits nombreux, des travaux que l'histoire a mis sous nos yeux comme s'ils en étaient encore aujourd'hui les témoins ; et comme le principe de la gravitation résulte d'observations astronomiques bien constatées, le principe qui a régénéré les apôtres résulte aussi d'observations que l'examen très-attentif de l'histoire a rendues incontestables.

A dater du jour où les apôtres changèrent en quelque sorte de nature, où ils furent régénérés, où leur cœur fut guéri de toutes ses maladies, de tous ses vices, et animé par ces nobles vertus qu'ils ont déployées depuis dans le cours de leur miraculeuse carrière ; à dater, disons-nous, du jour où ce prodige éclata pour la première fois aux yeux de l'univers, Dieu fut manifeste en eux, présent en eux, d'une manière invisible, *il fut en eux ;* il avait été avec eux sous une forme humaine ; pendant trois années sous cette forme, il n'avait pas changé sensiblement leurs affections ni développé leur intelligence. L'histoire nous le dit, et c'est elle qu'il faut consulter si l'on veut suivre la méthode d'induction des savants modernes ; il faut toujours avoir présents à l'esprit, en étudiant le christianisme, deux tableaux dont l'un nous représente les apôtres avant que Dieu fût en eux sous une forme invisible, et lorsqu'il était seulement avec eux sous une forme visible. Dans ce dernier tableau, les apôtres ne sont que des Juifs entachés de passions basses ; dans le second ils sont possesseur d'une nature divine, ils parcourent la terre pour la civiliser, ils domptent ces indomptables Romains dans ce que l'homme a peut-être de plus sensible, dans le culte de ses pères. On peut apprécier la résistance dont ils durent triompher en voyant combien est enracinée dans les familles françaises les idées qui s'attachent au choix d'une communion. Et cependant interrogez la plupart de ces familles, vous verrez que la religion leur est indifférente. De même exigez aujourd'hui des Juifs, des Musulmans, des Indous, qu'ils viennent adorer le vrai Dieu ; dirigez contre eux vos armées ou vos missionnaires, employez le fer et la flamme ou la persuasion, et vous serez à même d'apprécier la puissance dont les apôtres durent être revêtus lorsqu'ils terrassèrent les dieux païens.

La marche que nous venons d'indiquer n'est pas nouvelle; mais on a oublié d'en faire l'application à l'étude des dogmes du christianisme, étude d'une importance inexprimable et qui serait, par l'emploi de la méthode d'induction, mise à la portée des plus faibles intelligences. Cette méthode à la fois simple et féconde ne peut pas induire en erreur, puisqu'elle se borne à discuter des faits notoires et à tirer de ces faits quelques conclusions fort simples. Elle refuse de s'appuyer sur ceux dont la vérité n'est pas soutenue par un assez grand nombre de témoignages. Non pas qu'elle veuille les nier comme vrais, mais parce qu'ils lui sont inutiles. Cette méthode n'a besoin que de deux faits historiques principaux, savoir, celui de la résurrection de Jésus-Christ et celui de la propagation du christianisme par les apôtres ; autour de ces deux faits comme autour de deux gonds tourne la porte qui ouvre l'entrée du palais magnifique où se tient assise l'auguste vérité chrétienne éclairée par l'intelligence divine. Si l'histoire des apôtres n'est pas un rêve, Dieu s'est manifesté aux hommes non-seulement comme créateur, mais encore sous deux autres formes tout à fait distinctes : l'une visible, l'autre invisible. C'est là un fait historique et rien autre chose. Dieu se manifeste chaque jour par ses œuvres ; en conséquence l'esprit le reconnaît sans difficulté sous trois formes tout à fait différentes. La première affecte chaque jour nos yeux et nos autres sens ; la seconde se manifesta autrefois dans la Judée et frappa ces mêmes sens d'une manière plus sensible, et enfin la troisième, tout à fait invisible, s'est manifestée de la manière la plus énergique dans le cœur et dans l'intelligence des apôtres ; dans le cœur en le sanctifiant, en le régénérant, et dans l'intelligence en y faisant resplendir tout à coup ces vastes connaissances si admirées aujourd'hui des plus savants hommes d'état et des publicistes les plus renommés.

Il ne faut donc jamais perdre de vue, en lisant les Épîtres des apôtres, ce qu'ils avaient été d'abord : il faut, en les admirant dans leurs divins écrits, avoir toujours présent devant les yeux ces hommes dégénérés qui spéculaient avec trivialité sur les faveurs de leur maître ; qui, au moment où ce divin maître marchait au supplice, s'enfuyaient tous ensemble et n'avaient pas honte de le désavouer, et dont l'un eut la bassesse de le vendre ; il faut aussi, en lisant les Épîtres de saint Paul, avoir toujours sous les yeux ce jeune et sanguinaire profanateur qui encourageait les bourreaux d'Étienne et aux pieds duquel on venait déposer la robe sanglante du martyr. C'est ce contraste historique qu'il ne faut jamais perdre de vue lorsqu'on veut se faire une idée correcte de la doctrine chrétienne. Comment fut opérée violemment la conversion de saint Paul ? Certes ce ne fut pas par la résurrection du Christ, car il ne l'ignorait pas lorsqu'il secondait contre les chrétiens la fureur de la synagogue, et qu'il continuait de la ravager après la mort d'Étienne ; il connaissait tous les miracles de Jésus-Christ, ils avaient éclaté dans toute la Judée, et ils ne furent démentis par aucun des adversaires du christianisme. Qui donc opéra d'une manière si soudaine la conversion surprenante du jeune Paul ? qu'avait-il fait pour mériter cette insigne faveur ? Et cependant l'histoire l'atteste, il reçut cette grâce régénérante ; il la reçut gratuitement, son cœur fut tout à coup changé, ses affections prirent spontanément une direction opposée : c'est là ce qu'il faut avoir toujours présent à l'esprit en lisant l'histoire de ses merveilleux travaux.

Il semble que cette manière toute historique d'étudier le christianisme simplifie considérablement les difficultés qu'il a présentées jusqu'à ce jour. La méthode que nous proposons demande qu'on ne lise les écrits des apôtres qu'après s'en être fait donner la clef ; or cette clef nous venons de l'offrir à celui qui veut la prendre. Dieu a trois manifestations distinctes ; on le voit chaque jour et chaque nuit dans la magnificence de la création : on l'a vu trois ans dans la Palestine sous une forme humaine, et là il a manifesté sa nature divine par le triomphe qu'il a obtenu sur la mort : enfin il s'est manifesté une troisième fois sous une forme invisible en régénérant les apôtres, c'est-à-dire en sanctifiant le cœur et en illuminant l'intelligence de chacun d'eux.

Telles nous paraissent être les études historiques préliminaires que l'on doit exiger de nos soldats et de nos matelots français. Ces études n'ayant rien d'étranger à l'histoire peuvent être dirigées par des sous-officiers ou par des officiers qui se répartiront les études historiques que cette instruction élémentaire réclame. Six mois doivent suffire à une heure par jour pour éclaircir les premières difficultés relatives à l'histoire et à la géographie. L'enseignement des méthodes qu'emploient aujourd'hui nos savants peut être fait en quelques séances; mais nous croyons qu'il faut saisir cette occasion de donner à nos intelligents sous-officiers quelques notions d'astronomie et de physique expérimentale. La méthode d'induction fraye une route large, sûre et courte pour arriver au palais de la vérité chrétienne et pour dissiper les ténèbres dont elle a été environnée par la débile et orgueilleuse raison de l'homme; son cœur n'a pas toujours été complice de ses égarements; l'on voit aujourd'hui une régénération commencer à poindre sur notre patrie, mais elle se hâte lentement, tant la maladie de l'indifférence a fait de ravages parmi nous, tant la superstition et la philosophie nous ont fait de blessures profondes.

Ces mains, les unes sacriléges, les autres ignorantes, qui autrefois dérobaient aux nations la vue des instructions divines, commencent à les offrir elles-mêmes à nos populations malades. Il est temps, et grand temps ! C'est à la liberté constitutionnelle que la France devra ces précieux et impérissables trésors. Tel est aujourd'hui l'état d'irritation des esprits contre le clergé romain, que, fût-il tout à coup régénéré dans la totalité de ses membres, on ne voudrait point se fier à lui ; et cependant comment s'en passer? Faut-il que nos armées soient les seules dans l'Europe qui n'entendent jamais parler des instructions divines? Mais puisque d'une part on ne peut mettre en contact les ministres de la religion avec nos troupes, il faut, en attendant que cette réconciliation s'opère, que nos soldats soient instruits par leurs officiers sur l'histoire du christianisme et qu'ils se préparent ainsi à entendre avec fruit les instructions des ministres de Dieu.

Nous trouvons d'innombrables avantages dans le projet que nous proposons : il est simple ; il occupe les loisirs, et si l'on ose s'exprimer ainsi, quelques-unes des heures de fainéantise de nos casernes, heures désastreuses pour nos soldats ; il leur arrache des mains, une heure par jour, ces cartes gluantes dont ils tuent le temps et ces verres de piquette qui tuent non-seulement leur santé, mais leur avenir. Ce projet occuperait utilement la tête de quelques jeunes officiers : sûrs de rendre à leurs régiments et à leur patrie des services signalés pendant la paix en éclairant ceux qu'ils commandent, en leur enseignant des événements historiques, des faits bien constatés, ils ne peuvent que se prêter de bonne volonté à la rédaction de quelques mémoires historiques et à la lecture de ces mémoires.

Après que ces études préliminaires auront été bien répandues dans nos armées, peut-être alors ira-t-on écouter avec intérêt dans les églises le développement des idées que les apôtres ont léguées à l'univers. Les soldats seront heureux de voir venir dans leurs casernes un vertueux ecclésiastique pour leur lire un des beaux chapitres du Nouveau Testament, et ils écouteront avec intérêt ses admonitions pastorales.

Certes, il y a de notre faute si la France ne connaît pas la religion chrétienne, mais il y a aussi de la faute du clergé. Que chacun se corrige et tout ira bien. Le très-grand avantage que nous avons tiré de la révolution de juillet, c'est d'avoir aujourd'hui des évêques qui propagent le christianisme des Pères de l'Église et qui nous font connaître enfin les richesses temporelles et spirituelles que renferment les instructions de Jésus-Christ et de ses apôtres. Mais ces évêques eux-mêmes, en présence de nos innombrables philosophes, sont trop faibles pour lutter contre les habitudes invétérées qui ont arrêté l'essor de la religion en France ; il faut seconder le mouvement imprimé par la partie vénérable du clergé français, l'aider à marcher dans la route qu'il vient d'ouvrir, et paralyser les efforts de ceux qui voudraient l'en détourner ; il ne faut pas permettre qu'on l'oblige à s'écarter de la route que nos vertueux ecclésiastiques ont résolu de suivre. Les études préliminaires que nous demandons à nos soldats sont nécessaires pour qu'ils viennent au devant du clergé vénérable, de ce clergé qui depuis longtemps soupire après la réforme spirituelle que nous voyons commencer. Il faut qu'on se hâte, ou bien la religion romaine serait perdue ; il faut que son bras irrésistible d'Hercule populaire dompte le matérialisme et la superstition, et qu'il empêche ces deux fléaux de séparer les familles des instructions que le Christ, de sa bouche divine, a lui-même données à la terre. S'opposer à ce mouvement est un acte de lèse-majesté divine, un coupable sacrilége. La régénération du clergé romain est le grand miracle que nous attendons ; il s'accomplira par la puissance de l'esprit invisible, et à la faveur de la liberté constitutionnelle, on verra peut-être le clergé se partager comme le fut autrefois la Judée en présence des apôtres. La France fléchira devant les uns et saura se passer des autres, et cela sans rien changer aux églises et aux usages extérieurs que les familles romaines ont adoptés. La France fera lire dans les familles les divines Écritures, et cette longue lutte sera terminée à la satisfaction de nos bons prêtres et de nos bons évêques.

A cette régénération du clergé est attachée la destinée de

notre patrie : il peut conserver sa soumission au pape, mais le pape doit se soumettre aux apôtres et à Jésus-Christ, et alors cette infaillibilité qu'on lui conteste lui revient de droit.

Les événements qui se sont succédé à Paris depuis dix ans montrent ce que peut le fléau de l'idéologie et du matérialisme dans une population travaillée par mille besoins, par mille passions. Villes et villages, vieillards, hommes, femmes, enfants, jurent par Jean-Jacques et par Voltaire que la religion chrétienne est une rêverie. Les prêtres accusent ces populations égarées, et ils ont raison ; mais à leur tour ces millions d'artisans et de villageois des deux sexes accusent le clergé d'avoir travesti la religion chrétienne, et ils ont presque toujours raison. Comment concilier ces partis opposés qui tous deux ont raison? la chose est toute simple : qu'ils en appellent à Jésus-Christ lui-même ; que le pape, avec son infaillibilité improvisée, revienne aux documents impérissables que l'esprit de Dieu, sous une forme invisible, a lui-même dictés aux apôtres; que tout le monde accoure à leur tribunal, et tout le monde sera d'accord. Le pape sera infaillible en même temps que les apôtres et tous les fidèles qui lisent leurs inimitables écrits; brûlants d'amour pour Dieu et pour l'humanité, qu'ils les lisent avec le désir ardent et sincère de les bien comprendre et en implorant avec ferveur l'intelligence suprême, ils seront tous infaillibles.

Demandons maintenant au bon sens, sinon au génie de la civilisation, comment on achèvera la conquête définitive de l'Algérie ; peut-être va-t-il nous répondre :

Les Arabes sont plus chrétiens que vous ; ils ont dans le mahométisme une force qui vous manque ; ils ont en outre par leur mobilité une retraite toujours assurée dans l'immensité de leurs déserts. Ceux que vous tuerez ou dont vous enlèverez les femmes et les enfants allumeront dans le cœur de leurs coreligionnaires un esprit de vengeance qui exigera de vous de nouveaux régiments et de nouveaux millions.

Rendez d'abord vos soldats plus chrétiens que les Arabes ; attachez-vous ensuite ces hommes farouches en leur faisant du bien ; adoucissez leurs coutumes féroces, et faites-vous des amis de ces hommes que le fer ne pourra jamais dompter. Montrez-leur nos arts, nos sciences, l'histoire des temps miraculeux et les impostures du mahométisme. Qu'ils viennent avec vous assister aux mystères de nos sciences astronomiques et physiques ; vous les verrez prêter une oreille plus curieuse, des yeux plus attentifs que les vôtres au récit ou à l'exposé de ces merveilles.

Instruisez-les peu à peu des erreurs où Mahomet les a précipités ; qu'ils sachent que s'ils cherchent son paradis imposteur, Dieu les délaissera pour toujours, mais qu'ils peuvent revenir à lui ; qu'ils apprennent de vos soldats l'histoire de la religion chrétienne et comment elle s'est miraculeusement étendue par la persuasion dans le formidable empire romain, tandis que celle de Mahomet s'est propagée par la terreur et par la force des armes. Pourquoi ces hommes intelligents et avides de connaissances refuseraient-ils de s'instruire dans nos amphithéâtres de l'Algérie ? Les méthodes d'instruction abrégeront pour eux comme pour vous toutes les difficultés que présente ce genre d'études ; et qui sait si beaucoup d'entre eux, avides de s'instruire, ne saisiront pas avant vous l'occasion de boire à la source même l'eau vive que Dieu accorde à tous ceux qui la demandent avec instance? C'est alors que la France aura définitivement vaincu l'Algérie et que les tribus indigènes dont nos villes sont environnées seront pour toujours attachées à la France par les liens indissolubles de l'affection chrétienne. C'est alors enfin que vous pourrez diminuer le nombre toujours croissant des millions que vous demande l'Algérie.

Mais comment captiver ces guerriers opiniâtres attachés avec ardeur aux impostures de la religion mahométane? C'est en les faisant vivre au milieu de guerriers chrétiens : qu'ils apprennent de nos soldats que le christianisme est la vérité pure, et que le Koran n'est qu'une partie seulement de cette vérité que Mahomet a fait descendre au milieu d'eux par la violence des armes. Qu'ils achèvent ce que Mahomet a commencé ; qu'ils ajoutent à leur mahométisme ce qui lui manque pour être la religion des apôtres. Déjà ils rendent hommage à Dieu cinq fois par jour, tandis que la plupart de nos gens de guerre ne pensent pas une seule fois à lui dans le cours d'une année; il ne faudra pas s'étonner si l'esprit invisible qui sanctifie le cœur et qui éclaire la pensée trouve les Arabes mieux disposés que nos soldats philosophes à suivre le chemin qui conduit à Dieu.

Les méthodes triomphent de tout. Suivez-les dans leur vol rapide à travers l'immensité de notre système planétaire ; elles ont fixé non pas à une minute près, mais à une seconde près, la position de ces astres qui par leur petitesse échappent à nos regards ; une méthode d'enseignement ingénieuse, si on parvient à la découvrir, donnera des ailes à tous ceux qui veulent comprendre l'esprit des apôtres et de leur divin maître : essayons une première méthode, puis nous la corrigerons ; nous la corrigerons encore, elle donnera peut-être l'idée d'une méthode meilleure; l'expérience nous instruira; nos soldats, aujourd'hui abandonnés de Dieu, sont peut-être plus qu'on ne le croit avides de ce genre de connaissances que nous demandons pour eux. Commençons par l'histoire du christianisme, et voyez déjà les mahométans émerveillés en apprenant au milieu de nos amphithéâtres algériens les merveilles et les preuves authentiques de cette histoire. Les voilà déjà ébranlés. Voulez-vous les intéresser davantage? donnez-leur quelques notions d'astronomie que vous aurez soin de réduire à des chiffres très-simples. Enseignez-leur les merveilles que l'électricité et le galvanisme ont révélées à nos savants; mais ayez soin surtout d'arrêter leur attention sur la marche que les sciences ont suivie pour avancer d'un pas rapide et toujours sûr à travers les épines qui se présentaient devant elles et pour y tracer des routes larges et commodes. Montrez-leur la puissance de ces méthodes victorieuses; elles ont renversé les obstacles sans nombre que lui ont opposé ces sciences magiques. Mais en même temps que vous leur démontrez la puissance des méthodes, montrez-leur aussi la faiblesse de la raison humaine; montrez-leur par l'expérience et par le calcul les limites étroites de son domaine, la petitesse de son rayon visuel, qui lui permet d'agir, mais seulement sur des faits bien constatés, qui l'oblige à ne faire que des observations et des expériences, et à tirer de ces matériaux mis en ordre par elle quelques conclusions. C'est ainsi que les faits historiques mis avec art devant les yeux d'un infidèle lui montrent dans les apôtres et surtout dans saint Paul des hommes d'abord corrompus jusqu'au jour où ils furent brusquement régénérés; l'histoire nous les montre dans l'état vicieux et dans l'état sanctifié. Elle marque le jour où cette merveille morale fut accomplie; la date en est précise. Le Christ avait quitté la terre après sa résurrection, et il avait promis à ses disciples de se manifester en eux sous une forme invisible ; le fait a été accompli, et il est constaté par le rapide essor que prit alors le christianisme et par la sagesse toute divine des leçons que les apôtres nous ont laissées.

Ces documents ont été minutieusement élaborés par des milliers de savants et ont été reconnus à l'unanimité comme authentiques. De telle sorte que nier l'esprit qui sanctifia les apôtres, c'est rendre inexplicable la promulgation du christianisme dans l'empire romain. C'est rendre également inexplicable ces Epitres où ils brûlent d'amour pour Dieu et pour l'humanité ; c'est rendre absurde la joie qui surabondait en eux au milieu de leurs souffrances ; c'est rendre extravagant et le zèle qu'ils déployèrent pour la cause de leur maître, et cette reconnaissance, et cet espoir, et cette confiance dont ils étaient enivrés en terrassant la puissance romaine, en pulvérisant de leurs puissantes mains ces autels où la Divinité avait été tant de fois outragée par la folie des hommes. Les écrits et les travaux des apôtres nous révèlent le plus grand, le plus important de tous les mystères, un mystère qui à lui seul représente tous les trésors du christianisme ; Dieu dans le cœur et dans l'intelligence des apôtres ; Dieu s'exprimant par leur bouche inspirée comme autrefois par celle des prophètes ; Dieu invisible et sanctifiant tout à coup ces hommes corrompus qui n'avaient pu être changés en présence de Dieu lui-même caché sous une forme humaine.

Alors deviennent compréhensibles pour tout le monde les mystères principaux de la religion chrétienne. Dieu sous trois apparences distinctes : dans la première il est le créateur de toutes les merveilles de l'univers ; dans la seconde, sous une forme humaine, pauvre et abjecte, il est avec les apôtres, il est errant dans la Palestine pour y donner l'exemple des vertus chrétiennes, pour y essayer la foi des peuples; dans la troisième il est invisible, il sanctifie le cœur et illumine l'intelligence de ces hommes qui croient en lui et qui hier encore étaient corrompus et bornés. Il est dans les apôtres.

Il renverse tous les vices qui dominaient le cœur de ces hommes grossiers, et change en lumière éclatante les ténèbres de leur entendement. Qu'avaient-ils fait pour mériter de si grands biens? Aussi, quel fut depuis leur amour, leur espoir, leur confiance, leur gratitude! Elle éclate à toutes les pages de leurs Épîtres. Quelle joie quand leur foi, d'abord timide, eut été enflammée par l'esprit invisible! qui put alors contenir l'ardeur de leur zèle!

On voit que pour comprendre les dogmes du christianisme il suffit d'en étudier l'histoire avec intelligence. Dans cette note nous n'avons fait usage de la raison que pour choisir des faits et pour discuter des témoignages : nous l'avons ainsi retenue dans son petit domaine, en lui défendant expressément d'en sortir. A Dieu ne plaise qu'on veuille nier la vérité des autres miracles; mais ils sont inutiles pour établir l'existence de trois formes distinctes que la Divinité a jugé convenable de prendre pour se manifester aux hommes.

RÉSUMÉ.

Essayons de resserrer encore l'exposé des vérités essentielles du christianisme dans un questionnaire et de tracer la marche que l'on devra suivre dans nos armées de terre et de mer pour les préparer à recevoir les instructions du clergé romain.

D. Les apôtres de Jésus-Christ ont-ils reçu de lui ce principe d'amour et d'intelligence qu'ils désignent dans leurs Epîtres sous le nom de Saint-Esprit ?

R. Oui, l'histoire l'atteste. Ces hommes qui au moment où ils furent appelés par Jésus-Christ étaient tout à fait ordinaires, que rien ne distinguait de leurs coreligionnaires, même pendant le ministère de leur maître, ont eu le cœur sanctifié et l'intelligence spontanément développée cinquante jours après sa résurrection. Ce phénomène a eu lieu au moment où leur foi commençait à naître et où ils étaient tous réunis et en prière.

D. Où trouvons-nous la preuve de ce fait important ?

R. Dans l'histoire ; les apôtres nous disent le peu de cœur et d'intelligence qu'ils avaient avant la mort du Christ. L'histoire païenne, d'accord avec les mémoires qu'ils nous ont laissés, nous dit les travaux tout à fait extraordinaires que ces hommes ont accomplis, les souffrances qu'ils ont endurées, les dangers qu'ils ont bravés. Quant au développement de leurs facultés intellectuelles, les publicistes modernes, après avoir élaboré leurs Epitres, y ont trouvé tous les caractères de la perfection divine. Ainsi l'amour et l'intelligence ont remplacé spontanément dans le cœur des apôtres la corruption et l'erreur.

D. Avaient-ils mérité cette grâce ?

R. Non ; lorsqu'ils furent choisis par le Christ ils n'avaient rien fait encore : en conséquence les biens célestes leur ont été gratuitement accordés.

D. Comment peut-on conduire les sceptiques français à la connaissance de ces vérités importantes ?

R. En écartant d'abord de leur intelligence les erreurs de la philosophie.

D. Quel est le plus sûr moyen d'atteindre ce but ?

R. L'emploi de la méthode d'induction. Elle a servi à donner des ailes aux sciences physiques et mathématiques. Elle consiste à rassembler des faits historiques bien constatés, à les disposer dans un certain ordre et à tirer de ces faits des conséquences rationnelles ; alors on voit se dessiner le christianisme tel que l'ont enseigné les apôtres et les Pères de l'Eglise. Lorsqu'on aura bien compris cette méthode, on commencera à lire d'abord les Epitres des apôtres, ensuite l'histoire de leurs travaux dans les Actes, puis les Evangiles, et enfin l'histoire des Israélites dans l'Ancien Testament.

D. Est-il nécessaire que tous les miracles soient vrais dans tous leurs détails pour avancer dans l'étude des vérités chrétiennes ?

R. Non. Il suffit que celui de la résurrection soit bien

constaté ; or ce fait a été jugé par les sens et affirmé par tous les martyrs contemporains ou successeurs immédiats des apôtres ; il l'est encore par le silence des adversaires du christianisme. Il l'est surtout par les souffrances des apôtres durant leur ministère, et par le caractère noble et imposant qu'ils ont déployé depuis leur régénération jusqu'à leur dernier soupir ; il est inutile de discuter la vérité historique de tous les autres miracles ; ils sont rendus probables par le grand miracle de la résurrection. Ils étaient peut-être nécessaires avant ce grand phénomène pour ébranler l'incrédulité des habitants de la Judée et pour les disposer au christianisme ; mais après le grand miracle de la résurrection ils sont inutiles.

D. Quel est le moyen le plus facile et le moins ennuyeux de faire comprendre à nos armées de terre et de mer la richesse de la méthode d'induction ?

R. C'est de leur faire un petit cours de physique expérimentale et d'astronomie selon cette méthode ; un choix heureux d'expériences amuserait leurs loisirs, et on tirerait de ces expériences, à l'aide de la raison, les conclusions théoriques adoptées par les savants modernes : *Ils apprendraient par là comment on doit s'y prendre pour étudier l'histoire du christianisme et pour s'assurer de la vérité des faits miraculeux.*

D. Quel est l'avantage particulier de cette méthode ?

R. C'est d'empêcher la raison de s'égarer hors du cercle que son rayon de lumière peut embrasser.

D. Comment peut-on déterminer la portée de la raison ?

R. Par l'expérience. Il suffit de lui donner à exécuter une opération mathématique très-facile en la laissant agir toute seule sans venir à son secours par des méthodes, et l'on connaîtra bientôt sa portée ; on verra par l'expérience qu'elle n'a pas la force nécessaire pour trancher comme elle l'a fait quelquefois avec arrogance ces hautes questions philosophiques qu'elle a cru comprendre. Son rôle doit se borner à grouper des faits, ou, ce qui revient au même, à discuter les témoignages de la vue, de l'ouïe et du toucher, à disposer ces témoignages dans un certain ordre après les avoir confrontés avec d'autres, afin d'en bien reconnaître la vérité. De cette manière elle n'est pas encore tout à fait exempte d'erreur, mais du moins elle n'est plus sujette aux écarts dangereux de la philosophie.

D. Quelle est la plus importante vérité que nous tirons de cette méthode en ce qui concerne le christianisme ?

R. Celle de reconnaître par des faits, non-seulement Dieu créateur des merveilles de l'univers, mais Dieu avec les hommes, pendant trois ans dans la Palestine, les appelant à lui, essayant leur foi, leur donnant des témoignages de son amour et l'exemple des vertus chrétiennes ; puis enfin Dieu se manifestant dans le cœur et dans l'intelligence de chacun des apôtres au moment où ils l'invoquaient par la prière ; dans le cœur en le régénérant ; dans l'intelligence en leur inspirant les leçons sublimes qui seront le sujet éternel de l'admiration des grands hommes d'état.

FIN

Imprimerie de Mme Ve Dondey-Dupré, rue Saint-Louis, 46.

www.ingramcontent.com/pod-product-compliance
Ingram Content Group UK Ltd.
Pitfield, Milton Keynes, MK11 3LW, UK
UKHW020931180726
13838UKWH00002B/888

9 782329 240893